中学校音楽サポート

JN040049

呼吸法から体幹トレーニングまで

強い心と体をつくる

「吹奏楽ヨガ」

吉田巴瑛 著

明治図書

はじめに

表向きの勤務時間は短くなったものの,
コンクールの成績は向上させなければいけない…

少しでも部活の時間が長くなると,保護者から連絡が来てしまう…
でも,どうしたらよいのかわからない…

といった悩みを抱えながら部活動を行っていませんか？

　近年,教師の心身の健康を守るために「働き方改革」によって,部活動の時間短縮化が義務づけられました。また,新型コロナウイルスの影響によって学校内で部活動ができなくなり,生徒それぞれが自宅でできる練習法について頭を悩まされた先生も多いでしょう。

　世の中の状況が変化する中で,今まで以上に効率のよい吹奏楽の練習方法を求めている先生が増えていることを,学校指導を通して感じております。

　しかし,効率のよい練習方法を模索しながら,コンクールなどでよい結果を残せる強い部活にすることは,容易なことではありません。部活動の効率化と結果を求められることの板挟みに悩んだ結果,心的負担が以前より増えてしまった。という方もいらっしゃるのではないでしょうか。

また，学校だけでなく，音楽業界全体で演奏活動に制限がかかり，精神的にストレスを抱えた奏者も増えています。音楽に携わる人たちは，表現豊かに演奏する習慣によって，繊細な感覚をもっている人が多い印象です。そのため，精神疲労も一般の方と比べて溜まりやすい傾向があります。

　音楽は人の心に元気や勇気，希望を与えられる素晴らしいものです。今，息苦しい状況ではありますが，音楽にかかわる人たちの心身の健康を守るきっかけとなる，一冊になれば幸いです。

　そこで本書では，私が実践しているヨガ・瞑想法の視点を取り入れた，より効率的な練習方法を実現するための方法をお伝えします。そして，「吹奏楽ヨガ」として，強い部活に育てるための集中力の高め方や正しい呼吸法から体幹トレーニングまでを紹介し，それらを定着させることで，短い時間の中でも部員のスキルを向上させる具体的な実践法をお伝えいたします。

　どのトレーニングも部活以外でもできる簡単な内容となっています。部活が休みになる，試験期間中などにも部員が自宅で実践できるよう日々の練習を丁寧に行いましょう。

　本書を通して部員だけでなく，教師も心と体を労わることが身につき，さらに実りのある吹奏楽指導につながることを願っています。

吉田　巴瑛

Contents 目次

Chapter3　心と体をケアする
　　　　　　吹奏楽指導の心得

Chapter4　強い心と体をつくる
　　　　　　吹奏楽ヨガ　実践法

基礎トレーニング編

呼吸法編

体幹トレーニング編

応用トレーニング・ケア編

Chapter1

強い部活に育てるために
大切にしたい3つのこと

強い部活にしたいのに，
うまくいかないのはなぜ？

ではさっそく，強い部活にするトレーニングを始めましょう！
…と，言いたいところですが，ちょっと待ってください。

> 時間をかけて様々なトレーニングをしてきたのに，
> 本番で思うように演奏できなかった…

　多くの指導者が経験する，この謎を解き明かさないことには，また同じことの繰り返しになってしまいます。

　良かれと思って行っていた呼吸法や腹筋といった"ふつうのトレーニング"には3つの罠がありました。
　それは，「力み」「偏り」「脱力しすぎ」
　これら3つの罠にハマってしまうと，本来得られるべきトレーニングの恩恵が少なくなってしまいます。そして，これらの罠は，「頑張っている人」にほど，起こりやすいのです。

　今よりも強い部活にしようと，せっかく行動を起こすのなら，頑張りたいと思う気持ち，とてもよくわかります。だからこそ，良かれと思って行動し，ハマってしまう罠を回避するコツからまずは学んでいきましょう！

　コツを紹介する前に，空回りしてしまう指導者の状態を把握しておきましょう。

本番で後悔した経験から，
試したい練習，やらなきゃいけない課題が山積み！

肩こり，腰痛，疲れがとれないけど，
もっと部員とコミュニケーションをとらなきゃ！

休む暇なんてない，生徒のために疲れていても頑張ろう！

　そんなふうに思ったこと，もしくは思い続けていませんか？
　心身ともに強い部活は，コンクールや演奏会のような緊張する場面においても，普段通りに実力を発揮することができます。その強い部活をつくるために「部員全員のマインドコントロール力」が大切になります。
　しかし，部員がこの力を身につけるためには，まず指導者自身が，どんな状況においても実力を発揮できる力を身につける必要があるのです。

　マインドコントロール力を得るために大切なこと。それは，「疲れがない，自然な状態に整えること」です。
　肩こり，ありませんか？　慢性的な腰痛ありませんか？　ぐっすり眠れていますか？　疲れは長期休みでリセットすればいいと思っていませんか？
　疲れていても，頑張る姿がかっこいいという時代もありましたが，それでは限られた時間の中で強い部活に変えていくことはできません。自分の健康をコントロールすることが，部員のマインドコントロール力を育てます。
　とにかく頑張るだけというマインドでは，集中力が欠けたダラダラ部員が増えてしまいます。まずは，指導者の皆さんから疲れがない，自然な心と体の状態になりましょう！

大切にしたいこと❶
肋骨の歪みを整え「力み」をなくす

引っかかりやすい罠のその❶は，深呼吸です。

> 緊張してきたら，深呼吸してリラックス

特にコンクールなどの本番前によく耳にするのが，この「深呼吸」という呼吸法です。昔から，緊張したときによく言われていた言葉ですし，浅い呼吸より深い呼吸の方がよいイメージがあるでしょう。特に管楽器奏者であれば，深い呼吸は音の響きにも関係してきます。だからこそ，たくさん吸えて，しっかり吐ける深呼吸が求められます。

しかし，この深い呼吸，ほとんどの人が正しい方法でできていません。

その一番の理由は，スマートフォン，パソコンの使いすぎによる，**「肋骨の歪み」**にあります。

大人の頭は，だいたい5〜6キロ程度ですが，頭が前に出て，首が傾く角度によって首の骨にかかる負担の重さが変わると言われています。

スマートフォンやパソコンを長時間使用していると，頭の位置が10センチくらい前に出るため，約3倍の15〜18キロの負担が首にかかることになります。チューバ1本分が首にのしかかっているようなものなのです。首や肩がこるのは当然です。

さらに，デスクワーク，座奏などの長時間座った姿勢を続けることで，腹筋の周りや，横隔膜の筋肉が衰えていきます。

ここで，

> 横隔膜が衰える？
> 吹奏楽部は腹筋強いんじゃないの？

と思われた人もいるでしょう。

　ここが，深呼吸を正しく行えない落とし穴のポイントです。

　生まれたばかりの赤ちゃんは，肋骨の歪みもなく，横隔膜もスムーズに動いています。しかし，スマートフォンやパソコンの使用によって頭が前に出てくると，肋骨がつぶれ，肺が十分に広がらず，横隔膜の機能が低下してしまいます。また，管楽器奏者が行う，口で勢いよく吸うブレス，マスク使用によって引き起こされる口呼吸によって，横隔膜が正しく機能せず，正しい呼吸のパターンが乱れてしまいます。

　呼吸のパターンが乱れると，浅く，速い呼吸を繰り返すようになり，通常の呼吸回数よりも2〜3倍増えた呼吸をするようになります。呼吸が乱れてくると，肩首回り，腰，背中といった体の他の部位で呼吸の機能を補おうとします。これが，体の痛みの原因につながります。

・肩がこっている
・緊張しやすい
・呼吸が浅い

　このような人のほとんどが，肋骨が開きすぎて歪み，横隔膜がスムーズに動いていません。この悪い状態で，「緊張してきたら，深呼吸してリラックス」と言われてよく行う，「胸を開いて，口から大きく吸い込む深呼吸」。この呼吸を行っても，実はリラックスできず，むしろ緊張が高まる可能性があるのです。間違った呼吸を続けていると，他の部位で呼吸の機能を補おうとするため，体が力みやすく，疲れてしまいます。

　この「力み」をとるために肋骨の歪みを整えることが大切になります。

大切にしたいこと❷
効率よく休み「偏り」をなくす

　引っかかりやすい罠のその❷は，とにかく鍛えれば強い部活になるという考え方です。指導者が，時間をかけて部員を鍛えるというのは，一般的に，

> うまくできないのは，何かが足りていない
> 弱っているから鍛えれば演奏がうまくなる

と考えられているからです。

　もちろん，何もしないよりかは何かした方が，演奏が向上する確率は高くなるでしょう。でも，ただ単に鍛えたからといって，必ずしもうまくなるかといえば，そんな簡単な話ではありません。私自身，そのことを身をもって体験したエピソードがありました。

　私は，2017年から母校の千葉県立幕張総合高等学校をはじめ，東海大学付属高輪台高等学校など吹奏楽コンクール常連校，そして全国大会を目指し地方大会で一生懸命頑張っている吹奏楽部まで幅広く指導を行ってきました。現在，

・休める
・鍛える
・うまく使い続ける

の3軸でカリキュラムを組み立てて指導しているのですが，最初は罠にハマってよい結果が出ませんでした。

　指導当初，学生を見ていると姿勢が悪く，お腹の筋肉がうまく使えていないなという印象でした。そのため，お腹を鍛えるトレーニングを盛り込んだ指導を行ったのですが，逆に演奏時の力みが悪化してしまったのです。

　なぜよい結果が出なかったのかというと，吹奏楽指導の中に隠れていた，

> **鍛える内容は充実しているけれど，**
> **休む内容が不十分**

という偏りに気づかないまま，カリキュラムを組んでしまっていたからでした。演奏するだけでも体の疲労はありますし，コンクールが近づけば精神的な負担も増えます。

　けれど，部活を強く育てる方法として根づいているのは，

> **ロングトーンを安定させるための腹筋**
> **息をしっかりと吐けるようになるブレストレーニング**

など，鍛えるベースのものばかり。

　どれくらい疲れているのだろうと思い，学生の皆さんに「体や心に不調がありますか？」とアンケートをとったところ，ほぼ全員が体に痛みを感じたり，心に不安を抱えたりしたまま部活を行っていることがわかりました。

　この罠に気づいてから，疲れきっている体をしっかりと休めて，呼吸する際に必要な最小限のトレーニングを行いました。

　すると，たった10分でも音が変わる生徒が一気に増えたのです。

　心身ともに疲れが蓄積している状態でさらに負荷をかけるトレーニング，心身ともに疲れがとれて元気な状態で弱い部分を鍛えるトレーニングでは，同じ内容を行ったとしても効果が出る，出ないに大きな差が出ました。音楽にも強弱，緩急といった抑揚があるからこそ，よりよい演奏になります。そ

して，大きな音だけ，速いだけの音楽ではなく，大きい音を生かすために小さく静かな音があるように，バランスが大切になってきます。

　専門的に学んできた指導者が提案するトレーニングを除いて，ほとんどのトレーニングが，過去に指導者が学生時代にやっていたもの，その部活で代々行われてきたもの，のどちらかになると思います。

　昔は，

> 少々暴力的，高圧的な指導でもうまくなればよい

といった根性論ベースの指導が多くありましたが，それでは，根本的に部活が強くなったとは言えません。

　過去の内容を振り返ると，休むことは悪，とにかく鍛えるという精神が残っているものばかりです。

　中には，必要のない筋肉を鍛えたことによる代償として，体の力みや呼吸が浅くなっている生徒も多く見受けられました。

　なぜ，その腹筋を100回行うのでしょう？
　なぜ，グラウンドを10周走るのでしょう？
　なぜ，そのブレストレーニングを毎日行うのでしょう？

　目的や意味のないものを続けることは，せっかく貴重な時間を使って鍛えているのにもったいないですよね。

　部活の中で行われているトレーニングをリスト化してみると，頑張って何かを鍛えるトレーニングの割合が多いことがわかるはずです。強い部活にするためには，ただ単に鍛えればよいのではなく，疲れの度合いによって，まずは不必要な力みをとるために体や心を休ませてから，鍛えなければいけないと身をもって感じました。

04

大切にしたいこと❸
骨盤を整え「脱力しすぎ」をなくす

　引っかかりやすい罠のその❸は，脱力です。

> 力むと息が吐けないから脱力しよう

　演奏していると，肩のあたりが力んで呼吸が浅くなる，指が回らないことがあります。

　そのときに，

> 肩を上げ下げしよう

> 腕をぶらぶらと振ってみよう

> 首を回そう

と，脱力を促す指導者が多いと思います。

　けれど，一瞬音がよくなっても，またすぐに力んだ音に戻ってしまうことがあるでしょう。

　生徒の皆さんに「どこに力みを感じますか？」とたずねると，たいてい首，肩，腕，背中といった上半身を伝えてきます。演奏経験がある指導者

も，同じように考えるでしょう。

　確かに，力んでいるのは上半身ですが，ここをゆるめても実は改善策としては不十分です。今，力みを感じている上半身は，最初から力み始めているというよりも，どこかの力が抜けていて，使えていないからその部分を補うために力んでしまっているという場合がほとんどなのです。

　脱力しすぎているのは，**「太ももの内側と裏側」**です。

　混乱しないために，本書でお伝えする表裏，内外が指すものは，
・太ももの裏側（臀部と膝裏の間，ハムストリングス）
・太ももの前（表）側（足の付け根から膝上の間，大腿四頭筋）
・太ももの外側（太ももの横側，外側広筋）
・太ももの内側（内転筋）
としています。

　太ももの内側と裏側の筋肉は，横隔膜をスムーズに動かすときに必要な骨盤底筋を安定させたり，骨盤の歪みを整えたりする際に大切になります。横隔膜からつながっている筋肉は，足の付け根あたりまで伸びていて，骨盤周囲にくっついています。長時間座ったままの姿勢が続くと，太ももの前側の緊張状態が続いてしまうため働きすぎとなり，逆に太ももの裏側は脱力して使えていない状態が続いてしまうのです。

　わかりやすい例をお伝えします。

　奏者の研究をするために，演奏会や合奏の様子，YouTube の動画を見たりしていると，学生の足に特徴を見つけました。それは，爪先，膝ともに斜めに大きく開いているケースと，爪先を斜め外向きにし片足を1歩引いてかかとが浮いてしまっているケースです。前者は金管楽器，後者は木管楽器に多く見受けられました。

　爪先が外に向き，足の間が開きすぎていると内ももの筋肉がうまく使えません。また，座奏の時間が長ければ長いほど，太ももの裏側はサボっている状態が続きます。すると，骨盤周辺の筋肉がうまく使えず，横隔膜と骨盤底

筋のバランスが崩れてしまいます。バランスが崩れ，横隔膜がうまく動かない状況でも，どうにか深い呼吸を行うために，行われているのが胸をそって胸や肩を引き上げたり，鎖骨を上げたりすることです。これによって，胸郭もしくは肺に空気が入るスペースを確保しています。

　しかし演奏中，常にこの呼吸を繰り返せば，当たり前ですが肩が痛くなったり，腰が痛くなったりしてしまいます。

　このように，どうして力んでしまったのかを丁寧に紐解くことで，痛みがある場所をただゆるませれば解決するわけではないことがわかります。力が抜けやすい，太ももの内側と裏側を鍛えることで，今まで力んでしまっていた上半身が脱力できるのです。

　部員全員がマインドコントロール力を身につけた，強い部活に変化させるために必要なのは，緊張したときに胸を開いて勢いよく口から吸い込む深呼吸ではありません。何かが足りていないから，とにかく鍛えればよい，とにかく脱力すればいいというわけでもないのです。

　3つの罠「力み・偏り・脱力しすぎ」を避ける方法を学び，指導者自身が**「疲れがない，自然な状態に整えること」**から始まります。

　この後，その整える方法について，詳しく説明していきます。

パフォーマンス力が上がる

食事法

　学生時代，過度なダイエットにハマった経験があります。
朝：食べない
昼：特茶，サラダ，おにぎり1つ，ゼロカロリーゼリー
夜：サラダ，スープ

　この食生活を続けた結果，胃腸トラブル，婦人科系の病に長年悩まされました。今振り返るとびっくりする食事ですが，当時はとにかく痩せたくて，極端に追い込んでいました。

　専門家からも「胃も筋肉なので，動かさないと弱ってしまう」と聞きます。けれど，食べなければ痩せる，ゼロカロリーなら大丈夫，サラダなら太らない，といった間違った情報を信じた結果，こんな食生活になってしまったのです。

　吹奏楽部にヨガ指導へ行くと，女子グループの子たちから「痩せるにはどうしたらいいですか？」という質問を頻繁にもらいます。その中には，明らかに痩せすぎている子もいます。

　ご存知のように，学生時代の成長時期はとても大切な期間です。痩せていることよりも，健康でいることの方がよっぽど素敵なこととわかってはいるけれど，本人には響きません。実際に私も「そうはいっても，痩せていた方がいいじゃん」と心の底で思っていました。

　栄養が不足すれば，体はボロボロになりますし，自律神経の働きにも障害が出るため，情緒不安定になりやすいです。

「今日からヨガを始めます」と伝えたとき，もしかしたら同じように「痩せられる？」と聞いてくる部員がいるかもしれません。

　そんなときには，「ヨガは痩せるために行うものではなくて，演奏がうまくなる心と体をつくるためにやるんだよ」と伝えてください。

　また，本番前に情緒不安定になってしまうと，緊張してしまっていい演奏ができないということにつながりますので，以下のことを試してみてください。

・朝起きたら白湯を１杯飲む
・食事と食事の間，は３時間以上食べない時間（消化の時間）をつくる
・食事の前に目を閉じて，お腹が本当に空いているか自分にたずねる
・食事中は20〜30回を意識してよく噛んで食べる
・加工食品をなるべく避ける
・体重20キロにつき，１リットルの常温水，もしくは白湯を飲む
・お手洗いを我慢しない
・夜寝る２時間前に食事を終える

　これらは，ヨガの姉妹医学アーユルヴェーダの知恵です。必ずしもやる必要はありませんが，コンクールの前などみんなで一致団結したいというときには１つでも意識して行ってみてください。部員全員が元気な心と体でコンクールや演奏会に臨むことで，最高のパフォーマンスができるでしょう！

Chapter2

教師が変われば部員も変わる！
指導をスムーズにする準備法

疲れがない，
自然な状態に整えるために

　「疲れがない，自然な状態に整えること」がイマイチわからない，という方もいらっしゃると思います。そこで，Chapter 2 では，スムーズに指導するための準備を行っていきます。手順は非常にシンプルで，大きく3つのステップに分かれています。

指導の準備❶　起床時に呼吸状態をチェックする
　今日の自分の心と体の状態を把握する

↓

指導の準備❷　疲れない呼吸を身につける
　酸素が脳にスムーズに送られるように整える

↓

指導の準備❸　集中力を維持するために瞑想を行う
　体の痛みなく座るために筋肉の柔軟性を高める

　これらを，一つひとつ丁寧に説明していきますね。

指導の準備❶
起床時に呼吸状態をチェックする

今日の自分の心と体の状態を把握する

　普段，呼吸は毎日約２万回程度。無意識に行われています。寝ているときは，呼吸の回数が少なくなり，運動しているときなどは呼吸の回数が無意識に増えているのです。

　しかし，スマートフォンの普及やストレスによって，呼吸の回数が常に多い状態の人が増えています。また，指導者は口呼吸で会話しているので，さらに呼吸の回数が多くなってしまうのです。

　呼吸の回数が増えているということは，空気を吸いすぎていることになります。息を吸いすぎると体は空気を拒み，気道が狭くなります。そのため，体が酸素を取り込む能力が低下し，脳や筋肉に十分な血液，酸素が行き渡らなくなってしまうのです。

　血液や酸素が行き渡らなくなってしまえば，体のコリやむくみなどの症状，睡眠にも支障が出てしまうため，疲れが蓄積してしまいます。疲れたときには酸素カプセルが良さそうといったイメージをもたれていると，この事実には驚かれたかもしれません。

　酸素を体に効率よく運ぶためには，酸素の量を増やすことよりも，**二酸化炭素の量が適正である**方が大切であることを，ぜひ覚えておいてください。

自分の呼吸状態を知る計測法

　呼吸状態をチェックするのは朝起きてすぐ，を推奨しています。日中に計測すると誤差が出てしまうためです。できる限り，朝起きたときにチェックしてみましょう！

　このように自分の呼吸状態を知ることは，心の状態や体の状態を知る物差しになります。もし呼吸が乱れていると気づければ，その場で呼吸を整えることで，心身の安定に１歩近づくことができます。

計測１．呼吸の回数を数える

❶　椅子に座りましょう。

❷　１分間タイマーをセットして，目を閉じます。

❸　１分間で何回呼吸をしているのかを数えましょう。

　　数え方は吸う→吐く，で１カウントと数えていきます。

【評価基準】

　10回以上の場合，よい睡眠がとれなかった可能性があります。呼吸の数は日によっても時間帯によっても，異なります。呼吸の数を数える癖がつき，呼吸状態の観察ができるようになると「今は呼吸が多くてイライラしやすいかもしれないな」「結構，疲れているから今日は早めに寝よう」といったように，自分のコントロールができるようになります。

計測２．呼吸が勝手に止まっている時間を測る

❶　秒数が計れるものを準備して，椅子に座りましょう。

❷　普段通りに３回ほど呼吸を行います。

❸　息を吐いてから，鼻をつまんで息を止めます。

❹　鼻をつまんだまま，「息を吸いたい」と思ったところまでの時間を計り
　ます。

　❹では，体が震えるまで息を止めるのではなく，なんとなく吸いたいと思
ったところまでの時間を測ります。

【評価基準】

　10秒未満→疲れやすい呼吸が続いている状態

　10秒以上40秒未満→運動をしたり，精神的ストレスをかけると息切れ，喘
息，鼻詰まり，睡眠障害が起こりやすい呼吸状態

　40秒以上→脳や体の各部位が活発に働き，免疫力やストレス耐性も高い理
想的な呼吸状態

　自分の呼吸を知ったうえで，横隔膜の動きをスムーズにし，疲れにくい体
へと変化させるための呼吸法を行っていきます。

03

指導の準備❷
疲れない呼吸を身につける

酸素が脳にスムーズに送られるように整える

　人間が生きるために必要な活動のほぼすべてが，脳によってコントロールされています。
　例えば，

・筋肉の働き
・姿勢や動作
・感情
・記憶
・血液循環
・呼吸

などです。

　人間の脳が機能するために必要なものは，大きく分けて2つあります。
　1つ目が，
酸素とブドウ糖などの栄養。
　2つ目が，
感覚としての栄養です。

感覚としての栄養とは，

・見る
・触る
・聞く
・嗅ぐ
・食べる

といった五感。
　そして，感情的な出来事による脳への刺激などが挙げられます。

　特に，呼吸機能が低下して，脳へ流れる酸素の量が減ってしまうと，脳は疲れやすくなります。脳が疲れていると，前述した筋肉がうまく使えず演奏パフォーマンスが落ちたり，気持ちのコントロールが難しくなったりといった症状が現れます。
　酸素カプセルが流行った背景には，

脳には酸素が欠かせない！
だから酸素を多く補給すればパフォーマンスが上がる

と考えられていたからでしょう。しかし，やみくもに酸素を取り入れたとしても，脳に送られる酸素量が急増することはありません。
　むしろ，健康な人に酸素投与を行うと，余分な酸素が体に回らないように防御機能が働き，結果として酸素欠乏状態になる可能性もあるそうです。大切なのは，酸素を血中にスムーズに運ぶ際に必要な二酸化炭素です。

　二酸化炭素を増やすために行うこと，それは吐く息を楽に長く吐くこと，そして，息を楽に止められる時間をのばすことなのです。

実践　土下座（チャイルドポーズ）で呼吸する

　二酸化炭素量を増やし，口呼吸によって開きやすい肋骨に制限をかけながら土下座呼吸を行います。

　普段から，口呼吸が多い方にとって，この呼吸法は最初息苦しさを感じる場合がありますが，焦らず呼吸を繰り返しましょう。慣れてくるとゆっくりとした呼吸に慣れてきます。

❶　床に膝を折って座り，腕を前に伸ばし，肘を床につけます。背中をできるだけ丸くしましょう。もし肩や首に力が入る場合は，折り畳んで厚みを出したバスタオルやブロックを額の下におき，力の脱力を促しましょう。

❷　口から息をゆっくりと吐きます。

❸　鼻から静かに吸い，口から吐く呼吸を繰り返します。

❹　慣れてきたら，5秒で鼻から息を吸い，5秒で口もしくは鼻から息を吐き，5秒息を止めるという呼吸を繰り返します。

　土下座呼吸法の後，再度時間があれば呼吸の回数や息を止められる時間を計ってみてください。無理なく脱力できると，回数が減っていたり，息を止められる時間ものびたりする変化が現れます。

　呼吸の回数，息を止められる時間を計測してみると，普段から疲れやすい呼吸を続けていたということを初めて認識した人も多いでしょう。話している時間，指導している時間が長くなるとその分口呼吸が増えますので，体は力みやすいです。

　また，脳に酸素がうまく流れず集中力が低下してしまうこともあります。

毎朝，起きたとき，

そして指導の前，

帰宅後，

寝る前，

４回練習することがベストです！

　生徒も同様に土下座呼吸法に取り組むことで，無理なく脱力して集中した演奏ができるようになります。

04

指導の準備❸
集中力を維持するために瞑想を行う

体の痛みなく座るために筋肉の柔軟性を高める

　土下座呼吸法を行い，呼吸時に過度に力んでいた筋肉をほぐし，横隔膜の動きを整えたところから，集中力を高めるためのヨガ練習を始めていきましょう。

　集中力を高めるヨガ練習として一番オススメなのは，古典的なハタヨガになります。今世の中に広まっているヨガというと，ポーズのみを取る方法が主流です。しかし，ヨガのポーズの目的は，瞑想する際に座りやすい姿勢を整えるためのものであり，ポーズだけではそれ相応の効果しか望めません。

　また，１回行っただけで大きな変化が起きるということはほとんどありません。

　ヨガ練習を行ううえで大切なのは，
❶　毎日練習すること
❷　ヨガポーズ練習→呼吸法練習→瞑想
　　の３つの練習をつなげて行うこと

この２つを守ることです。

　毎日ヨガを練習する一番の意味は，体，呼吸の変化を日々観察する中で，心身ともに整った状態を継続できるようにするためです。

> 昨日は呼吸が苦しかったけれど，
> 今日は呼吸がしやすい

と感じたり，

> 今日は右の腕が重く感じたけれど，
> １週間後には重みがなくなった

と気づいたり。

　毎日同じことの繰り返し，ということはありません。

　日々の変化を知ることで，自分の状態を繊細に観察できる**「内観力」**が身につきます。そして，毎日自分を内観することで，疲れがない，自然な状態へ整えられるようになります。

怪我なくヨガを行うために

　自宅でのヨガ練習，そしてヨガを指導する際に気をつけたいことといえば「怪我」ですよね。近年ヨガ中の怪我が増えてしまっているのも事実です。

　主な原因の１つに，

・体の柔軟度や骨格の限界を超えて，動くこと

が挙げられます。

　「とにかく頑張って動かないと」という思いで無理をすることもあれば，指導者が生徒のポーズを深めようと良かれと思って，強度を高めてしまうことでも怪我は起きてしまいます。

　理学療法士や医者，解剖学の分野に精通しており，生徒との信頼関係があ

る状態でしたら，怪我を防ぎながらヨガを行うことができます。

　しかし，そうでない場合は，ポーズを深めようとして何かをすることは，大変危険ですのでやめましょう。

　一番，怪我が起きない方法は，
「呼吸の限界を超えない」
これを守って動くことです。

　呼吸がしにくい，息が止まっている，吸いにくい，うまく吐けない…のであれば，それは限界を超えているサインです。常に，呼吸がしやすい状態をキープしたまま，ヨガを行うようにしましょう。

継続することで小さな奇跡が起きる　7分ヨガ

　私が毎日継続している7分ヨガをお伝えします。

　このヨガは近代ハタヨガの父と呼ばれる T. クリシュナマチャリアの息子 T.K.V. デシカチャーによって考案され，彼の生徒であるマーク・ウィットウェルによって伝えられ，その生徒である芥川洋輔先生，そしてその生徒である芥川舞子先生を通じて，私に伝わってきました。

　さて，ヨガと聞くとどんな状態を想像されますか？
　汗を流すイメージのホットヨガですか？
　古典的なイメージのアシュタンガヨガですか？
　フィットネスジムなどで行うストレッチですか？

　これ以外にも，人それぞれいろんなヨガを想像されると思います。もしかすると聞いたことはあるけれど，見たことはない，という方もいらっしゃるかもしれませんね。このように，世の中では数多くのヨガの流派が存在して

います。なぜこのように流派が増えたのかというと，ヨガを行う人に合わせて内容を改良してきたからです。

「人の数だけヨガがある」と，クリシュナマチャリアの教えがあります。これこそがヨガの本質であると芥川舞子先生から伝えられました。そのため，私たちも，同じようにヨガを自分に合わせて改良する必要があるのです。

　実践内容は，クリシュナマチャリアの〈5つの原則〉に沿って，性別や年代，気質などを考慮しながら，その日の体調やスケジュールなどに合わせて練習していきます。

　日々上達しなければならない，と力んで練習する必要はありません。また，記載された方法すべて行う必要もありません。

　あなたに合うヨガポーズ（アーサナ）を，あなたの心地よいと感じられる呼吸のペースに合わせて行うことを一番大切にしましょう。

　クリシュナマチャリアの〈5つの原則〉は次の通りです。

1.The Body movement is the Breath movement.
　体が動くスピード感と呼吸が行われるスピード感は同じである。
　原則，一呼吸，一動作で動く。

2.Inhalation from above, Exhalation from below.
　吸う息は鼻（上）から入り，吐く息は下腹部のあたり（下）から鼻（上）に向かって出ていく。

3.The Breath starts and ends the Body movement.
　呼吸が始まってから体の動きが始まり，呼吸の終わる前に体の動きが終わる。呼吸の中で体の動きが完結する。

4.Asana creats Bandha and Bandha serves the Breath.
　アーサナ（ヨガポーズ）がバンダを生みだし，バンダは呼吸に奉仕する。

　（バンダとはサンスクリット語でロックする，締めるを意味しています。体内に集めたエネルギーを閉じ込めて，循環させるという意味があります。あまり難しく考えず，呼吸時に力が入り体を支えるポイントくらいに認識しましょう）

5.Asana allows for Pranayama, which allows for Meditation.
　Meditation arises naturally and can not be practiced.
　アーサナ（ヨガポーズ）はプラーナヤーマ（呼吸法）のために。
　プラーナヤーマは瞑想のために行われる。瞑想は自然に起こるもので練習できるものではない。

※英文はHRIDAYA YOGA SCHOOL「フリダヤヨガとは」より引用
　https://www.hridaya-yogaschool.com/aboutus

【ヨガ中の呼吸法】
　本来，「ウジャイ呼吸法」という呼吸で行うことが適切とされていますが，まずは苦しさを感じない，心地いい鼻呼吸を意識してヨガのポーズを練習していきましょう！

【ポーズ一覧】

1. ハンズフロー

❶　足を腰幅程度に開き，両腕は体側に沿わせて立ちます。

❶

❷　息を吸いながら両腕を頭上へ持ち上げます。

❸　息を吐きながら両腕を体側に戻しましょう。

❹ ❷〜❸を３回繰り返し行いましょう。

❺ 両掌を胸の前で合わせて，鼻呼吸を３回繰り返し呼吸を確認しましょう。

❷

① 足を腰幅程度に開き，両腕は体側に沿わせて立ちます。

② 息を吸いながら両腕を頭上へ持ち上げます。

③ 息を吐きながら股関節のあたりから二つ折りになるように前屈し，手を
　足の好きなところもしくは床につきましょう。

④ 息を吸いながら上体を起こしつつ，両腕を頭上へ持ち上げ…

⑤ 息を吐きながら再度前屈しましょう。

⑥ ④〜⑤を３回繰り返し行いましょう。

3．戦士のポーズフロー

❶　足を腰幅程度に開き，両腕は体側に沿わせて立ちます。

❷　片足を1歩後ろに引き，引いた足の爪先の向きを外側に向けるなどして
　調整します。

❸　前膝を軽く曲げ，バランスが崩れないか確認しましょう。

❸

❹ 息を吸いながら両腕を頭上へ持ち上げます。

❺ 息を吐きながら股関節のあたりから二つ折りになるように前屈し，手を前足の好きなところもしくは床につきましょう。

❻ 息を吸いながら上体を起こしつつ，両腕を頭上へ持ち上げ…

❼ 息を吐きながら再度前屈しましょう。

❽ ❻～❼を繰り返し，前足と後足（左右）を入れ替えても行いましょう。

❹

❺

4．ピラミッドのポーズ

❶ 足幅を肩幅の２倍程度広げて立ちます。

❷ 息を吸いながら手を腰に当てます。

❸　息を吐きながら，股関節のあたりから上半身を前に倒しましょう（膝が多少曲がっても構いません）。

❹　前屈したところで，手を床もしくは両足首につきましょう。

❺　動きを止めたまま，鼻呼吸を繰り返しましょう。

5．こどものポーズ→牛のポーズ→下を向いた犬のポーズ

ここでは，3つのポーズを分解して行います。

こどものポーズは，次の通りです。

● 床に膝を折って座り，腕を前に伸ばし，肘を床につけます。

牛のポーズは，次の通りです。

❶　肩の下に手首，足の付け根の下に膝，目線は床方向を見て四つん這いの
姿勢になります。

❷　爪先を立て，息を吸いながら前を見るように胸を開きます。

下を向いた犬のポーズは，次の通りです。

❶　肩の下に手首，足の付け根の下に膝，目線は床方向を見て四つん這いの
　　姿勢になります。

❷　つま先を立て，鼻から息を吸いましょう。

❸　息を吐きながら両膝を床から持ち上げ，太ももとお腹を近づけるように，お尻を斜め上方向に引き上げます。最初は両膝を少し曲げて，かかとは床から離すなど調整しましょう。

３つのポーズを組み合わせて行います。

❶　まずは四つん這いの姿勢からスタートしましょう。

❷　息を吸いながら，爪先を立て，前を見るようにして胸を開きます（牛の
　　ポーズ）。

❸　息を吐きながら，両膝を床から持ち上げ，太ももとお腹を近づけるよう
　　に，お尻を斜め上方向に引き上げます（下を向いた犬のポーズ）。

❹ 息を吸いながら，両膝をつき，前を見るようにして胸を開きます（牛のポーズ）。

❺ 息を吐きながら，足の甲を寝かせ，膝を折って座り，腕を前に伸ばし，肘を床につけます（こどものポーズ）。

❹

❺

❻ ❷〜❺を繰り返しましょう。

6. こどものポーズ→膝立ちのポーズ

❶　床に膝を折って座り，腕を前に伸ばし，肘を床につけます（こどものポーズ）。

❷　息を吸いながら，上体を起こし膝立ちに，両腕は天井へと持ち上げましょう（膝立ちのポーズ）。

❸　息を吐きながら床に膝を折って座り，腕を前に伸ばし，肘を床につけます（こどものポーズ）。吐くときには，お腹を引き込むようにしましょう。

❹　❷〜❸を３回繰り返し行いましょう。

7. コブラのポーズ

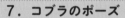

❶　床の上にうつぶせになります。

❷　両脚を後ろに伸ばし，両足の甲を床の上にのせましょう，両手はみぞおちの横あたりにおき，脇を閉じて，肘を体の後方へと引き寄せます。

❸　息を吸いながら，肺が膨らむ分だけ，顔と胸を床から離します。

❹　息を吐きながら，浮かせていた上半身，額を床に下ろしましょう。

❺　❸〜❹を繰り返しましょう。

8. 仰向けL字のポーズ→ガス抜きのポーズ→太鼓橋のポーズ

ここでは，３つのポーズを分解して行います。

仰向けL字のポーズは，次の通りです。

❶ 両膝を90度に曲げて床に仰向けになります。

❷ 両手の甲が頭の向こう側の床につくように，両腕を頭上方向へ持ち上げます。

❸ 息を吸いながら両膝を曲げ，足の裏，かかとを天井へと持ち上げます。このとき，腰が床から離れないように気をつけましょう。

ガス抜きのポーズは，次の通りです。

❶ 床に仰向けになります。

❷ 息を吐きながら両膝を曲げて胸に引き寄せ，両手で膝を抱えます。

❸ 両手で膝を抱えたまま，鼻呼吸を行いましょう。

太鼓橋のポーズは，次の通りです。

❶　床に仰向けになります。

❷　両手の甲が頭の向こう側の床につくように，両腕を頭上方向へ持ち上げます。

❸　膝の下に足首が来るように，両膝を曲げましょう。膝の間は腰幅，もしくは握りこぶし２個程度空けましょう。

❹　息を吸いながら，お尻，腰，背中を床から離しましょう。足の裏で床を踏み締め，膝，内ももの間が開きすぎないよう気をつけましょう。

　３つのポーズを組み合わせて行います。

❶　床に仰向けになります。

❷　両手の甲が頭の向こう側の床につくように，両腕を頭上方向へ持ち上げます。

❸　息を吸いながら両膝を曲げ，足の裏，かかとを天井へと持ち上げます（仰向けＬ字のポーズ）。

❹　息を吐きながら両膝を曲げて胸に引き寄せ，両手で膝を抱えます（ガス抜きのポーズ）。

❺ 息を吸いながら膝の下に足首が来るように，足裏を床に下ろし，両手の甲が頭の向こう側の床につくように，両腕を頭上方向へ持ち上げ，お尻，腰，背中を床から離しましょう（太鼓橋のポーズ）。

❻ 息を吐きながら両膝を曲げて胸に引き寄せ，両手で膝を抱えます（ガス抜きのポーズ）。

❼ 息を吸いながら，両手の甲が頭の向こう側の床につくように，両腕を頭上方向へ持ち上げ，足の裏，かかとを天井へと持ち上げます（仰向けL字のポーズ）。

❽ ❷〜❼を繰り返しましょう。

9．やすらぎのポーズ

❶　床に仰向けになります。

❷　脇の下にこぶし1個分ほどのスペースを空け，両手を体の横におきましょう。

❸　両脚は軽く開き，足先は無理のない方へ向けます。奥歯の噛み締めをゆるめ，優しい呼吸を繰り返しましょう。

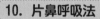

❶　あぐらの姿勢で座る，もしくは椅子に座りましょう。

❷　右手の親指で右の鼻孔を押さえて左の鼻孔から息を吸います。

❸　右手の親指で右の鼻孔，人差し指で左の鼻孔を押さえ息を1秒止めます。

❹　右手の親指を外して右の鼻孔を開き，ゆっくりと息を吐きます。

❺　人差し指で左の鼻孔を押さえたまま，右の鼻孔から息を吸います。

❻　右手の親指で右の鼻孔，人差し指で左の鼻孔を押さえ息を1秒止めます。

❼　人指し指を外して左の鼻孔を開き，ゆっくりと息を吐きます。

❽　❷〜❼を繰り返しましょう。

❷ ❸

❹ ❺

❻ ❼

❶　あぐらの姿勢で床に座る，もしくは椅子に座りましょう。

❷　手は，両掌が天井に向くように膝，ももの上におきましょう。

❸　目を閉じ，鼻呼吸を繰り返します。

❹　5秒で鼻から吸い，5秒息を止めます。

❺　5秒で鼻から吐き，5秒息を止めます。

❻　吸う，止める，吐く，止めるの呼吸を，まずは5秒ずつ数を数えながら
　　行います。

❼　慣れてきたら5秒から6，7秒と数える秒数を長くしてみましょう。

❽　❹〜❺を1分程度繰り返しましょう。

05

劇的な変化ではなく，
自然な変化を重視する

7分ヨガ練習，実践してみましたか？
実践された方はどんな感想をもたれたでしょうか。

> 7分では終わらなかった

> 動くのに必死で，
> ふとした瞬間に呼吸が止まっていることに気づいた

> 形はこれで合っているのかなと不安になった

…様々あると思います。

　ヨガの実践練習は，**信頼できる先生のもとで直接学ぶ**ことが，一番簡単に
習得できます。
　昔は師と弟子がともに暮らしていました。弟子は師から何かを教えてもら
うというよりかは，師の立ち居振る舞い，言動などを一緒に暮らす中で自然
と習得していたそうです。ともに暮らすことで学ぶのは，とても簡単です。

　私は，母のお腹にいる頃から，母の合唱の声やピアノの音の振動を感じて
きました。そして，生まれてからも，いつも音楽が近くにある生活をしてい

ましたので，いつから楽譜が読めるようになったかということや，音階を把握できるようになったかということはまったく覚えていません。知らぬ間に習得していました。

　しかし，周りの環境が違ったら，きっと知らぬ間に習得しているということはまずないと思います。このことからも，信頼できる師が近くにいて常に手本を見せてくれている状態に近づけば近づくほど，ヨガ練習の定着率も高まり，習慣になるスピードが早いのも事実です。

　しかし，指導者の皆さんを含め，現代の人は兎にも角にも毎日せわしなく生活しています。今すぐ決まった時間に師の元に通い，ヨガを学ぶ，ましてや一緒に住むということは不可能でしょう。となれば，どうしたらよいのか。それは，「心地いい呼吸」を常に大切にして練習することです。

　あなたの呼吸が，あなたの師になります。

　呼吸に苦しさを感じているときは身体の緊張度が高まっていることが多いです。止まっているときは，快適に動ける範囲を超えて無理に動いてしまっていることもあります。
　呼吸はとても素直で，正直に反応してくれます。だからこそ，丁寧に見つめる必要があります。
　忙しい人ほど，

> すぐに疲れをとりたい

> 早く，心を落ち着けたい

と焦ってしまう傾向があります。

とてもわかります。疲れている中，本書を読んでいらっしゃるならば本当に頭が下がります。

しかし，焦った練習や即効性を求めながらの練習は怪我につながります。また，あなたが本当にほしい効果は得られません。呼吸を師として，一人で練習するということは，実はとても難しいことなのです。呼吸を見つめ続けることも最初はすぐに気が散ってしまい，やりにくさを感じるはずです。

私も孤独な練習を経験して，自己嫌悪になったこともあります。けれど，呼吸は素直です。丁寧に扱った分だけしっかりと応えてくれます。どうか，自然に変化していくことを選んでください。小さな変化に気づき，喜びを積み重ねてみてください。

私は，月経のたびに意識を失うほどの痛みで毎月救急車に運ばれていました。ホルモン治療をしたり鎮痛剤を常に持ち歩いたり，ありとあらゆるものを試してきましたが，これといって効果を実感できるものはありませんでした。

しかし，個人ヨガ練習を始めて7か月ほど経過した頃から，生理痛がなくなりました。最初は痛みがなさすぎて，何か他の病気になったのではと病院に行きましたが，まったく異常はありませんでした。私に一番必要なことが叶った，奇跡の瞬間でした。

劇的な変化，即効性にこだわりすぎずに，自然な変化を選択してみてください。きっとあなたが一番必要としている変化が訪れます。

06

忙しくて時間がない指導者のための実践！1分ヨガ

　どんなに忙しい日が続いていたとしても，1日のどこかで，自分の呼吸を見つめる時間を取ってください。

　もし，今の生活の中で，1分さえも自分のために時間を確保できない暮らしを継続しているという先生がいらっしゃいましたら，

> 自分の心と体は危機的状況にある

と認識してください。

　最初はたった1日の寝不足。

　たった一瞬の腰の痛み。

…かもしれません。

　そんな**最初は気にもならない小さな不調も，積み重ねると手術一歩手前になっている**こともあります。気をつけましょう。

　そこで1分でできる，ヨガをお伝えします。

　忙しい先生たちにとってお守りのような存在と考えてください。

　また，学生も勉強，部活，家の手伝いと，自分の心と体をケアする時間を適当にしがちです。指導者，学生ともに毎日1分はヨガをすることを心がけましょう。

1. ハンズフロー

❶ あぐらの姿勢で床に座る, もしくは椅子に座りましょう。

❷ 息を吸いながら, 両腕を頭上へと持ち上げ, 掌を頭上で合わせます。

❸ 息を吐きながら, 両腕を下ろしましょう。

❹ ❷〜❸を2回繰り返しましょう。

　肘を曲げながら, 前から上げる, 横から上げるなど変えても OK。慣れてきたら, 吸う息では指先を見つめ, 吐く息では軽く顎を引いてみます。

2．片鼻呼吸法

① あぐらの姿勢で座る，もしくは椅子に座りましょう。

② 右手の親指で右の鼻孔を押さえて左の鼻孔から息を吸います。

③ 右手の親指で右の鼻孔，人差し指で左の鼻孔を押さえ息を1秒止めます。

④ 右手の親指を外して右の鼻孔を開き，ゆっくりと息を吐きます。

⑤ 人差し指で左の鼻孔を押さえたまま，右の鼻孔から息を吸います。

⑥ 右手の親指で右の鼻孔，人差し指で左の鼻孔を押さえ息を1秒止めます。

⑦ 人指し指を外して左の鼻孔を開き，ゆっくりと息を吐きます。

⑧ ②〜⑦を2回繰り返しましょう。

　最初息を止める時間は1秒程度，徐々に5秒10秒とのばしていきましょう。

3．瞑想法

❶ あぐらの姿勢で床に座る，もしくは椅子に座りましょう。

❷ 手は，両掌が天井に向くように膝，ももの上におきましょう。

❸ 目を閉じ，鼻呼吸を繰り返します。

❹ 5秒で鼻から吸いましょう。

❺ 5秒で鼻から吐きましょう。

❻ 吸う，吐く，の呼吸を5秒ずつ数を数えながら行います。

❼ ❹〜❺を3回繰り返しましょう。

　5秒ずつで呼吸が苦しいときは，3秒ずつ4秒ずつと秒数を短くしてみましょう。

パフォーマンス力が上がる

睡眠法

　指導者，部員ともに睡眠不足という部活もたくさん見てきました。特に強豪校であればあるほど，ほぼ全員がうまく眠れていません。

　疲れが溜まっている＝頑張っているというイメージがあるのか，日本人は常に元気な人よりも，ちょっと疲れ気味の人になりたがる傾向がある気がしています。笑

　睡眠中は，体を休めるだけでなく脳をメンテナンスしたり，老廃物の排除を行ったりと，とても大切な時間です。しかし，寝る間際までスマートフォンを使用すること，食事の時間の乱れ，口呼吸を鼻呼吸に戻さないことなどが原因となり，ぐっすり眠れない人が増えているのです。

　良質な睡眠をとる方法でオススメしているのが，ヨガニードラ，そして，口テープです。

　ヨガニードラは「眠りのヨガ」と呼ばれているヨガの種類です。ヨガニードラの最中は，ほぼ脳波がアルファー波とシータ波に保たれているため自然治癒力や，修復機能が高まる癒しと回復に適した状態といわれています。

　そのため，「1時間のヨガニードラで4時間の熟眠と同じ効果が得られる」とも伝えられています。

　試してみたい方は，私のYouTubeチャンネルにヨガニードラの動画があがっていますので，そちらで実践してみてください。

https://www.youtube.com/channel/UCFnUY2cYSplIZQXB6OnmAMA

もっと手軽で効果的な方法が，口にテープを貼って寝る，です。

　見た目はあまりよくありませんが，寝ている間に勝手に口が開いて，口呼吸になってしまうのを防いでくれるため，

・朝起きたときの乾燥による喉の痛みを軽減できる
・酸素が体にスムーズに運ばれるため，二度寝することなくスッキリ起きられる
・虫歯や歯周病が予防できる
・口臭が予防できる
・歯並びが崩れるのを予防できる
・いびき，歯ぎしりが予防できる

といった効果が現れます。
　私も実践していますが，効果をすぐに感じることができ，かなりオススメです。
　唇にテープを貼るので，唇が荒れやすい人などは種類を選んだり，毎日ではなく1日おきにしたりと工夫してみてください。専用のテープも市販されていますので，正しい用法を守ったうえで試してみていただければと思います。

Chapter3

心と体をケアする
吹奏楽指導の心得

01

「いい音で吹いて」ではなく，再現性のある指導をする

　私が高校1年生のとき，先生や先輩から言われるアドバイスに疑問をもったときがありました。

　それは，

いい音で吹いて

音程，揺れているから安定させて

といったアドバイスです。

　入学したばかりのころは，
　とにかくいい音で吹かないと！
　どうにかして音を安定させないと！
と無我夢中に練習していたのですが，あるとき，
　「というか，どうやればいいか，具体的に教えてもらわないとできないし…。そんなに言うならやってみせてよ」
とモヤモヤ，イライラを抱えたまま練習する日々が続きました。

　この負の感情は，指導者がアドバイスしたつもりで伝えた言葉の中に，**「焦点・行動・量」**が含まれていないことが原因で起こります。

例えば，太っている人が３キロ痩せるためのダイエットを指導するなら
ば，

焦点	運動
行動	筋トレをする
量	週に３回

「モテない」男性が「モテる」ようになる方法を伝えるなら，

焦点	清潔感
行動	洗剤と柔軟剤を使って洗濯する
量	毎日

と伝えたうえで，改善しようと頑張る人が間違いやすい方法に制限をかけな
ければなりません。

（どちらもこの指導が正しいかはわかりません。笑）

　ダイエットの例であれば，糖質制限をすると痩せると言われているけれ
ど，リバウンドするリスクが高くなるので必ず，１日１食は炭水化物を摂取
して，エネルギーを蓄えてください。といった具合です。
　これができて初めて，再現性のある指導ができていると思います，いかが
でしょうか？

　「いい音で吹いて」「音程，揺れているから安定させて」だけでは，私と同
じようにモヤモヤを抱えたまま，演奏する部員が増えてしまいます。

02

わからないことは，わからない。
とはっきり伝える

先ほどの続きですが，先輩によっては，

> うちよりも，〇〇のがうまいしさ，
> アドバイスとか**無理無理**！

と，消極的な発言もする人もいました。

　こうなると，完璧に演奏できなければ改善のアドバイスや，気づいたことを発言してはいけないという雰囲気が漂います。意見のぶつかり合いで，雰囲気が悪くなることも避けたいですが，よりよい演奏のための発言ができない状況も同様に好ましくありません。

　誰かに指導することは，演奏するのとはまた別の技術が必要です。指導者の中には，ベテランだけど時代の変化によって今までの指導ではうまくいかずに悩んでいる人，もしくは新米なのに急遽，吹奏楽強豪校に赴任となり，どう指導を進めたらよいかわからずに悩んでいる人もいると思います。

　私も最初は悩んでばかりいました。しかし，指導を続ける中で大切なことに気づいたのです。とても簡単なことかもしれませんが，わからないことを隠したり，なんとなくの知識で伝えたりすることは強い部活，部員を育てるうえで大きなマイナスになります。

　わからないことは，わからない。とはっきり伝えること。
　そして，その分野に精通しているプロに力を貸してもらうこと。
　もしくは，今はわからないから一緒に考えてみようと寄り添うこと。

これがとても大切だと気づきました。

　ヨガを教えていると，ヨガのポーズだけでなく，哲学，歴史，呼吸法，ダイエット法，食事法，むくみの解消法，セルフマッサージ法などなど，健康ジャンルの質問をたくさんいただきます。ヨガの先生であれば何でも知っているのだろうと質問してくださることは大変ありがたいことです。しかし，どんなに学びを深めていたとしても得意分野，苦手分野があるのも事実です。

　最初はプロとしてどんな質問でも答えられないといけないんだ，と焦ってネットで答えを探したり，文献を読みあさったりもしましたが，とても疲れました。笑　また，相手に嘘はついていないけれど，自信のない発言をするたびに罪悪感や自己嫌悪感を抱いていました。

　結果，自分が自信をもって伝えられることは丁寧に伝えて，わからないことや専門分野以外のことは，**「すみません，専門外なのでわかりません。けれど自分の分野で考えるなら…」**と伝えるか，**「私はわからないのですが，この分野ならこの人が詳しく知っているみたいなので紹介しますね」**と話すようになりました。スピード感で言えば，質問を受けたその場で回答する方が早いでしょう。しかし，相手のため，そして自分と相手の信頼を大切にするなら，その分野に精通している人を紹介することがオススメです。相手に対して感じていた罪悪感もなくなり，指導にも自信をもてるようになります。

　部活の指導者は，時に専門外のアドバイスをしなければならないことが多いですね。学校の方針や，部活をまとめることを考えるとそんなプロ失格発言は無理だよ，と思われるかもしれませんが，実は相手に伝わらない（再現性がない）指導を繰り返すよりも，圧倒的に部活全体の効率化が進みます。また，罪悪感を抱えたままの指導に疲れてきた，という方は，精神疲労が溜まる前にぜひ1度試してみていただきたいです。

03

楽器を演奏していない
時間を改善する

　今までの経験から，誰が伝えても演奏技術が向上する，再現性のあるトレーニングはないかと研究を続けてきました。ほとんどの指導者が，演奏中にすべて改善しなければいけない，という意識が強いと思います。

　しかし，それでは，専門分野に精通している必要があるため，膨大な時間がかかってしまいます。

　そのため，演奏中の改善にこだわるのではなく，演奏前後にできる改善点，つまり人がスムーズに体を動かすためにはどうしたらよいか，に注力してみた結果，演奏面の改善に効果が出ることがわかったのです。

　人がスムーズに体を動かすためには，「呼吸を整える」が9割といっても過言ではないでしょう。呼吸は生まれてから死ぬまで絶え間なく続いております。

　なぜ，呼吸を整えるのかと言うと自律神経と密接にかかわっているからです。交感神経は吸う息によって，副交感神経は吐く息によって刺激されると言われています。

　また，本書でお伝えしているヨガに関連して，ハタヨガという古典的なヨガにおいて，**吸う息は「太陽・右側・男性」を，吐く息は「月・左側・女性」**を意味しています。呼吸は脳によって無意識にコントロールされているものであり，その時々の状況や必要性に合わせて変化しています。

　例えば，全速力で走った後は交感神経が高まり，一時的に呼吸の回数が増え，酸素を体内にたくさん摂取しようと変化します。また，寝ているときには副交感神経の働きによって呼吸の回数が減少します。

自律神経・呼吸

自律神経と 呼吸の関係	優位となる要素	呼吸の回数	呼吸の量 （深さ）
交感神経 緊張・興奮	吸う	多い	少ない （浅い）
副交感神経 リラックス	吐く	少ない	多い （深い）

　リラックスした方がよいからと言って，ずっとダラダラしてしまうのではなく，上の表のように，呼吸の回数や自律神経の切り替えができる状態であれば，合奏などの場面では一気に集中力を高められるメリハリのある部活を目指すことができます。

　しかし，現代人，そして音楽家は，理想的な呼吸ができず，自律神経のコントロールもうまくできない人が増えてしまっているのです。

04

根本的な改善を促すよう，
演奏前後に呼吸を整える

今まで皆さんが呼吸についてアドバイスをしてきたのは，

> **はじめのブレスを深く吸って，**
> **お腹から力強く吐くイメージで**

といったように演奏に関連するときがほとんどでしょう。

確かに，演奏中に注意することで改善する部分もありますが，前提として
ほとんどの奏者が理想的な呼吸ができていません。だから，演奏中に呼吸に
関する注意を行っても，問題が解決しないのです。

本書でお伝えしている呼吸法は，**あくまでも演奏中の呼吸ではなく，演奏
前後に行う呼吸法**です。

演奏前に呼吸を整えることで，無駄な力みなく息を吐くことができるよう
になる，緊張がほぐれて，本番でも練習通りに演奏できるようになるといっ
た効果が得られます。

また，演奏後に呼吸を整えることで，ブレスによる口呼吸のパターンをリ
セットし，疲れにくい正しい呼吸に戻す，睡眠の質が向上し，体の疲れがと
れるなどの効果が現れます。

演奏前，後どちらも演奏パフォーマンスを向上させるために役立つ呼吸法
です。演奏中の呼吸に関しては，どんなに外側からアプローチしても今まで
の奏法によって染みついた癖や骨格の差があり，改善するのに時間がかかっ

てしまいます。また，指導者が，生徒自身の体感していることをすべて理解することは不可能です。

　頻繁に起きるのは，

指導者	外から見ると肩が上がっていて生徒が演奏しにくそうに見える。そこで，「肩を下げろ，力ませないように脱力して演奏して！」と伝える。

生　徒	元々の骨格的に肩が上がったように見える。しかし，指導者からのアドバイスを聞いて肩を下げるために，背中，腰などに力を入れたまま，腕や指のあたりをゆるませて演奏する。

結　果	見栄えはよくなったものの，演奏しにくい，音がそこまで改善しない。

という例です。

　中には，演奏がしやすくなったり，音の改善も見られたりする場合もありますが，見方を変えれば，再現性が低い指導ともいえます。

　必ずよい変化が出るかわからない不明確なところに焦点を当てるのではなく，根本的な改善を促す指導を行うことで，再現性が高まります。

　つまり，演奏前後に，人間の体がスムーズに動く正しい呼吸法を習得し，結果的に演奏中の呼吸も変化し，演奏パフォーマンスの向上につなげるということです。

自律神経と緊張の関係性を理解する

演奏家の精神的な悩みの１つに緊張があります。
緊張について自律神経の働きと関連させてお伝えいたします。

自律神経は２種類に分類されています。
１つ目は，**身体の活動時や昼間に活発になる交感神経。**
２つ目は，**安静時や夜に活発になる副交感神経**です。
そして緊張は，その２種類のうちの交感神経が優位になったときに起こりやすいとされています。これは，ノルアドレナリンという物質の身体におよぼす作用として，血圧上昇・震え・動悸などが挙げられるからです。

細かく説明すると，交感神経が優位になっているときに，アドレナリンというホルモンが多く分泌されます。そのアドレナリンは，ノルアドレナリンという物質から生成されており，特に緊張や不安を感じた場合に分泌されるという性質をもっています。

少し難しい説明を挟みましたが，

> なぜ，緊張するんですか？

という質問が生徒から出たときのお守り知識として覚えておきましょう！

心と体が元気であること，
が何より大切と考える

　音楽を続けるうえで，私が「心身の健康が大切」と思うようになったのは，大学１年生の頃のことです。その頃から，「どうしたら，楽しく音楽活動を続けられるだろう？」と考え始めていました。

　きっかけは，合奏の授業でした。高校ではありがたいことに３年連続全国大会に出場するなど，恵まれた環境で音楽に没頭していました。しかし，音楽大学に入学すると，全国各地から私と同じようによい成績を収めてきた人たちが集まってきていました。音楽大学に入るまでは，周りの部員と喧嘩しながらもコンクールなら金賞，定期演奏会ならレベルの高い曲に挑む，と同じゴールに向かって歩んでいました。

　しかし音楽大学では，団体で競争していた高校時代とは異なり，個人で競争しなければなりません。そのため，合奏では個人競争している相手とともに音楽をつくる必要がありました。しかしながら，部活動のようにコミュニケーションの取り方まで教えてくれる指導者はいませんので，学生一人ひとりが考えて行動する必要がありました。

　だから，私はいつも，考えていました。どうしたらこの競争の激しい環境でも楽しく音楽を続けられるのだろう，と。そして，楽しく続けるにはまず，自分の何かを整える必要がある，とも思っていました。

　音楽大学の中には，陰口を話す人もいて，よいコミュニケーション形成は難航しました。周りにいた同級生も「競争ばかりの音楽，楽しくないな。でも，仕方ないよな」と感じ，意思疎通がもっとうまく取れたら，よい演奏ができるだろうなとも心の奥で思っていたでしょう。

実際に私自身も，「意思疎通の取れない合奏，仲間」に悩んでいました。そもそも，個人練習のやり方が確立できていなかったこともあり，どんどん技術面の遅れを取りました。そのせいか常に不安と焦燥感に悩まされ，眠れなくなったり，食事がとれなくなったりすることもありました。一人で競争する日々を送る中で，音楽ってこんなに苦しいものだったかな。と何度も思いました。

　しかし，それだけに，同じように悩む人の気持ちがわかっていたのです。自分も同じ経験をして，どうしたらストレスなく意思疎通を取れるのか，ということを考え続けてきました。その経験から，音楽を楽しく続けるうえで「心身を安定させることの大切さ」「どうしたら安定できるのか？」がわかったのです。だから，自分と同じ悩みを抱えている人に「こういうときには，こうするといいよ」と伝えてきました。

　指導した学生や奏者から，

> 合奏するのが楽しくなりました！
> 人間関係が修復されました！

と話してもらえたとき，とても嬉しい気持ちになりました。

　奏者に指導する際，まず自分の心と体の安定を軸にアドバイスをします。最初は初めての練習に苦戦する人もいますが，慣れてくると必ず，自分の心身の安定だけでなく，自分の周りの人との関係性が良好になったという報告をしてくる人が多いのも特徴です。

　今までの経験を通して，<u>人間関係を良好にするうえで，最も大切なことは自分の心身の状態を理解できていること</u>だと認識しました。自分の状態を理解できたうえで他人とかかわるのと，まったく理解できてない状態でかかわるのとでは，構築される関係性がまったく異なります。

心の状態は
内から見ることで把握する

先生，怒っているのかな…不安

この先輩と一緒に演奏するの，緊張するな

など部員が本当に思っていることを知るためには，一人ひとりと密にコミュニケーションを取る必要があり，とても難しいことです。私の母は教師で，新卒からずっと勤務を続けていますが「時代かしら。保護者も生徒もどんどん変わるから大変だ」と話し始め，「こんなことがあったんだけど…」と気づけば5時間以上話し込んでしまう，なんてこともよくあります。母は30年以上教師を続けていますが，時代背景・学校の特色などによっても問題が発生するため，どんなにベテランになったとしても悩みが尽きないようです。結局のところ本心は本人（生徒）以外に理解できないものであり，必ずしも部員全員の心の状態を把握する必要がある，とは思っていません。

　それよりも，指導者自身が心身を安定させたうえで，生徒たちに心を安定させる方法を伝えることの方が重要です。また，生徒自身も，緊張しているかどうかを手足の震えなどの外側からの情報だけで判断するのではなく，内側から知る術を学ぶ必要があります。**心を安定させる方法としては，ヨガ・呼吸法・瞑想**があります。そして，**緊張度合いを知る方法としては，呼吸状態を観察すること**が初めの一歩として実践しやすいです。

　ぜひ，頭の中で悶々と悩む前に，体を動かして体感してみましょう！

ヨガ練習法で
人間関係を良好に導く

　部活を行ううえで，人間関係が良好であることは，とても重要です。

　指導者と部員だけでなく，部員同士の関係も安定させることで，合奏時の音色も変化してくるでしょう。指導者の教えや想いが正しく伝わらなければ，どんなに生徒が一生懸命に練習をしても，その練習はムダに終わってしまいます。伝わらないストレスや，非効率的な時間を省くコミュニケーションを取るためには，伝える側の心身の安定が大切になってきます。

　その安定に効果的なのがヨガ練習です。ヨガ練習を行うことで，イライラしていた感情から離れることができます。

　また，呼吸に集中することで，過去の後悔や未来の不安を常に考えている状態から，「いま大切なこと」に集中でき，情緒不安定のまま部員と接するということが減ります。

　ヨガは３つのパートに分けて実践します。

1つ目はヨガのポーズです。

　ヨガのポーズでは体を動かすため血流がよくなり，体が温まってきます。ポーズの中には，普段使っていない筋肉を使ったり，伸ばしたりする場合もあります。結果として，筋肉強化や柔軟性が高まることもあるでしょう。また，細部まで集中して体を動かすことで，「力みすぎ」「脱力しすぎ」などにも気づくことができます。

　ヨガでは呼吸とともに体を動かしますので，体の動きと呼吸を密接につなげることが身につきます。

2つ目は呼吸法です。

呼吸は普段当たり前に行っていますので，呼吸法と聞くと，

> 腹式呼吸？　胸式呼吸？
> どちらがよくて，どちらが悪いんだ？

などと悩み，混乱しがちですが，ヨガ練習の中でお伝えするのは片鼻呼吸法です。ヨガ中は，腹式呼吸・胸式呼吸と決めつけずに自然な呼吸を意識しましょう。

　突然ですが，鼻の穴が2つある理由を知っていますか？
　実は，鼻の粘膜は2〜3時間ごとに左右交互に腫れるようにできています。つまり鼻の粘膜が腫れた側の空気の通りが悪くなり，一時的におやすみモードに入ります。この鼻サイクルは，自律神経によってコントロールされているのです。自律神経は脳と連動して動いており，右鼻呼吸が優位なときは交感神経が優位に，左鼻呼吸が優位なときは副交感神経が優位になることがわかっています。
　「自律神経と呼吸の関係性」で吸う息は，

・太陽
・右側
・男性

を，吐く息は，

・月
・左側
・女性

を意味しているとお伝えしましたが，片鼻呼吸を行うことで，太陽のエネルギー（右鼻）と月のエネルギー（左鼻）のバランスが整うとも伝えられています。片鼻呼吸法によって自律神経（心）を整えていくのが2つ目のパートの目的です。

　最後，**3つ目は瞑想**です。
　近頃，大手企業（Google，Facebook，Yahoo! など）が瞑想やマインドフルネスを導入していますね。瞑想の効果が科学的にも立証されてきたことをきっかけに，ご存知の方も多いのではないでしょうか？
　瞑想を周りの人に聞くと，

何も考えないとか無理そう

長時間じっとするって大変そう

ちょっと敷居が高くて難しそう

という意見が多く，最初は抵抗感をもっている様子でした。
　確かに，瞑想だけを行おうとすると，とても難しいです。

　私もヨガの先生らしく，瞑想を30分やるぞと決め，あぐらの姿勢でいざスタートしてみたものの，ほぼほぼ「早く30分経たないかな」という気持ちで過ごした経験があります。人によっては余裕で30分過ごせるのかもしれませんが，なかなか難しいのが現実です。
　では，どうしたらいいのか。答えは，**ヨガのポーズと呼吸法を行った後に瞑想を練習すればよい**のです。

ヨガでは様々なポーズのことを「アーサナ」と呼んでいます。本来これは「坐法」を意味していました。要するに，アーサナは快適に瞑想をするための座り方でした。今たくさんのアーサナが存在しているのは，座りやすくするためには，このポーズもよいのでは，と一人ひとりに合ったポーズを追求した結果，種類が増えていった背景があります。

　現代人は，あぐらの姿勢を楽に組める股関節周りの柔軟性や，背骨を呼吸しやすい位置に維持していくだけの体幹部の安定感がとても弱くなってきています。よって，準備なしに快適に座ることは難しいですので，まずはヨガのポーズで体を整え，呼吸法で心を整える必要があるというわけです。

　適切な流れに沿って，瞑想の練習を行いますが，**本来瞑想は意識的に行うものではなく，心と体が整うと，勝手に呼吸に集中でき，心静かな瞑想状態になっていること**が理想とされています。

　瞑想の練習をしているときでも，考え事が浮かんでしまったり，気持ちが落ち着かなかったりすることもありますが，それも「自分の状態を知る」「変化を知る」という意味では，練習がうまく機能している証拠ですので，焦らず継続してください。

09

心と体のケアをする
時間を取る

　音楽家には，2つの特徴があると思っています。

① 繊細な感覚をもっている

② 鍛錬が得意

　繊細と聞くと，触れると悪いもの，または近寄りがたいイメージがあるかもしれませんが，音楽家の特徴である繊細とは「音楽づくり」においての繊細さです。この特徴をもっているからこそ，微妙な音程のズレに気づくことができ，様々な音色を扱うことができます。「鋭い感覚をもっている」と言ってもよいかもしれません。

　2つ目の「鍛錬が得意」ということを，高校時代のエピソードを例にお伝えします。

　私は高校時代，レスピーギ作曲「ローマの祭り」を吹奏楽コンクールで演奏しました。本体のトランペットパートだけでなく，バンダの演奏部隊も担当したのですが，それはもう，びっくりするくらいに音程合わせに苦戦しました。まず，自分の音程感を調整する必要がありましたし，他のバンダ奏者とももちろん音程を合わせる必要がありました。

> チルチェンセスって言いにくいしもう何だよ!!

> 何回練習したら合うんだ！

と思いながら何百，何千回と鍛錬した記憶があります。笑

　練習を重ねるうちに，急に音を出しても合わないことがわかってきます。管をベストな状態にするために，湿度や気温を気にしたり，ピストンの状態をベストにするために，オイルをしっかり差しておいたりするなど，音程を数小節合わせるだけですが，失敗する要素をシラミつぶしに準備してコンクール本番に臨みます。どれだけ準備をしても，何かが崩れただけでベストな演奏ができません。

　だからこそ，一つひとつの行動を繊細に積み上げることと，丁寧に積み上げていく鍛錬が必要になります。ある程度のレベルの音楽をつくるとなれば，これをほぼ毎日繰り返します。繰り返し行われるため，鍛錬が苦手だったとしても，鍛錬が得意になってしまうのだと思います。

　しかし，この繊細さと鍛錬してきた成果が発揮できないときがあります。
　それは **「不健康」のとき**です。
　高熱が出ていたら，過度なストレスを抱えたままだったら，本番で実力の半分も出せなくなるかもしれません。今までのことが無駄になってしまうくらい，大きな原因なのにもかかわらず，ほとんどの音楽家が「健康」を疎かにしています。

　部活動でも，何かを鍛える時間は多いですが，休む時間はかなり短いのではないでしょうか？

　鍛えることはもちろん大切です。限られた時間で，より効率よく曲を仕上げて，部員の能力を高めていく必要性も理解しています。

　しかし，効率のよい「休ませ方」を知らない指導者，音楽家が多いのです。心を休めることで，肉体的な緊張度が下がります。体を休めることで，音楽づくりの集中力・判断力が増してきます。音楽家は，無意識に鍛錬ができてしまう人がほとんどです。

　それならば，無意識ではできない，効率的な休み方をしっかりと指導することで，より強い部活へと成長します。休む＝怠けるではありません。
　前向きな気持ちで，心と体をケアする時間を取りましょう！

10

教師と生徒のマインドは
つながっている

　あなたの目の前に，今にも怒鳴りそうな人がいる想像をしたときと，鼻歌を歌いながら笑顔でニコニコしている人がいると想像したとき，どんな心情の変化がありますか？

　前者を想像すると，

> 何か怒らせたかな…近寄りにくいな…怖いな

と連想が生まれ，後者を想像すると，

> 何かいいことあったのかな
> 聞いてみようかな，楽しそうだな

という連想が生まれませんか？

　指導者の皆さんは，何かストレスを抱えていても生徒の前ではできる限り心穏やかな状態で過ごすべき，と考えていると思います。

　前述したように，いつもイライラ怒っている指導者では，威圧的で優れた指導とも言えません。けれど，何かストレスを抱えているのにもかかわらず，無理に笑顔で接することも間違いであると私は考えます。

　大切なことは2つ。それは，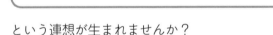【落ち着いている状態】を知っていること，そして気持ちが乱れた際，【乱れに自分で気づき調整できる】ことです。

強い部員を育てるためには，**指導者自身が先に，マインドを整える方法を習慣化させる**ことが必要です。完璧にやる必要はありません。１日１分からで構いません。小さな積み重ねが兎にも角にも大切です。

　私は2015年からヨガの指導を開始し，多いときは月に100時間以上レッスンを担当しておりました。しかし，自分の練習時間はというと，１時間のレッスンを週に２回受講する程度で，インプット量とアウトプットの量に極端な差がありました。

　数年指導をしている中で，

> こんなにレッスンを担当しているのに指導の自信がもてない
> いつも私は不安を抱えているな

と気づきました。

　指導人数，時間も多い，周りのインストラクターよりも資格講座に参加し，ありとあらゆる分野の学びを深めてきた。けれど指導に自信がないのです。アジア最大級のヨガイベント，ヨガフェスタのインストラクターに選ばれたときでさえ，まだ何か学び足りないと不安を感じていました。

　指導者の私に何が足りなかったのか。

　それは**「個人練習」**でした。

　誰かの経験，資格講座で学んだことも指導するうえで活かされますが，自分で経験したこと以上に自信をもって話せることは何一つありません。個人練習の中で体験したこと，ヨガ練習を継続したおかげで，変化してきたことであれば，自信をもって話すことができ，説得力も出てきます。

　わからないことを「わかりません」と話せるようになったのも，この個人練習が定着してからでした。

練習と聞くと，「面倒だな」と気持ちが進まない方もいるかもしれません。指導者は自分のことよりも，誰かのために時間を使い，せわしなく動いている人ばかりです。それは，自分の時間を誰かのために費やして，アウトプットし続けている状態と同じです。

　もちろん，その経験の中で，学びもあるでしょう。しかし，それだけでは自分のために使う時間があまりにも少なすぎます。

　自分と向き合う時間，自分のために使う時間を，もっと重要視してもよいはずです。朝起きて呼吸を数えるでもいいですし，ヨガを1分行うでも構いません。自分の心と体が安らぎ，落ち着いている状態を知り，気持ちが乱れてもすぐに，乱れに自分で気づき調整できる力を少しずつ身につけていきましょう。

　指導者のマインドと生徒のマインドはつながっています。
　焦らず，ゆっくり始めましょう。

気持ちを整理するスピードを上げる

ノートの使い方

指導者，部員ともに1冊ノートを準備するとよいでしょう。

・ヨガをする前に感じていた心のモヤモヤ，考えごと
・呼吸の回数
・練習中に感じたこと，疑問
・ヨガを終えて何を感じたのか

などを記録してみましょう。

呼吸の回数を見れば，今自分が疲れやすい状態なのか，そうでないのかということもわかります。人は，いつも同じパターンで体や心の不調を感じます。

記録した期間が長くなれば，どんなときに自分は気持ちが不安定になるのか，体の疲れを感じるときはどういうときなのか，といったことがわかるようになります。

また，頭の中，心の中にモヤモヤを閉じ込めながら考えているより，文字や絵などアウトプットして目で見える化した方が，気持ちを整理するスピードが上がります。

まずは1冊，継続して記録してみましょう。

Chapter4

強い心と体をつくる
吹奏楽ヨガ　実践法

部活の始まりと終わりに行う 1分ヨガ指導法

　生徒と一緒に1分ヨガを行う際に使用できる指導法をお伝えします。

　部活の始まりと終わりに1回ずつ行うことで，ここから部活の時間が始まる，と部活の前に起きたイライラした気持ちを落ち着かせる効果や，部活で疲弊した心身を整える効果があります。

　ヨガを行うにあたって，次のようなものを準備します。

・バスタオル1枚もしくはヨガマット

・障害物などの危険がなく動ける環境（体育館・音楽室）

・飲み物

・ストップウォッチ

・メトロノーム

・練習用ノート

　次ページから解説する動作は，指導の声かけにもなっています。

　このまま伝えるだけでヨガ指導が可能です。生徒には難しい言葉の言い回しと感じるところがあれば，ご自身で調整して使用してください。

　生徒と一緒にヨガ練習を行ったときには，終わった後に自分がどんな気持ちなのかをノートに書くことで，気持ちの整理ができます。瞑想の後は頭がすっきりしているので，叶えたい目標や夢を心の中で3回唱えると脳に記憶され，その目標や夢が叶いやすいとも言われています。

　コンクールの前などに，ぜひ試してみてください。

これから，１分ヨガ練習を行います，怪我をしている人はお休みするか，鼻呼吸，瞑想のみ行いましょう。周りの人やものにもぶつからない場所か，確認してください。まずはハンズフローから行います。

❶　あぐらの姿勢で床に座る，もしくは椅子に座りましょう。
❷　（動きを見せながら）息を吸いながら，両腕を頭上へと持ち上げ，掌を頭上で合わせます。
❸　（動きを見せながら）息を吐きながら，両腕を下ろしましょう。
❹　この動きを自分の呼吸に合わせて，あと２回繰り返しましょう。

次に，片鼻呼吸法を行います，左右が反転して見える人もいますので気を
つけてください。

❶　（見せながら）右手の親指で右の鼻孔を押さえて左の鼻孔から息を吸い
ます。

❷　右手の親指で右の鼻孔，人差し指で左の鼻孔を押さえ息を１秒止めます。

❸　右手の親指を外して右の鼻孔を開き，ゆっくりと息を吐きます。

❹　人差し指で左の鼻孔を押さえたまま，右の鼻孔から息を吸います。

❺　右手の親指で右の鼻孔，人差し指で左の鼻孔を押さえ息を１秒止めます。

❻　人差し指を外して左の鼻孔を開き，ゆっくりと息を吐きます。

❼　これを１セットと数えて目を閉じ自分のペースで２回繰り返しましょう。

最後は，瞑想です。数を数える瞑想を伝えていきますので目を閉じ聞いて
ください。

❶　両掌が天井に向くように膝，ももの上におきましょう。

❷　そのまま，鼻呼吸を繰り返します。

❸　5秒で鼻から吸いましょう。1，2，3，4，5

❹　5秒で鼻から吐きましょう。1，2，3，4，5

❺　鼻から吸って1，2，3，4，5

❻　吐いて，そのまま自分のペースであと2回数を数えながら鼻呼吸を繰り
　返しましょう。

❼　2回終わった人から自然な呼吸に戻し，静かに目を開いてください。

これで1分ヨガ練習を終わります。

基礎練習前に行う
10分ブレスコントロールヨガ

このブレスコントロールヨガは，楽器を使用する基礎練習前に取り入れることをオススメしています。

7分ヨガもしくは1分ヨガの練習に加えて，口呼吸リセットのトレーニングが加わることで，音の安定感やブレスコントロール力が増すことに期待ができるトレーニングです。ヨガ中は，息が止まったり，苦しかったりするということがないよう，心地よい呼吸を意識しましょう。

指導にあたっては，次のように声かけをしていきます。

これから，10分ブレスコントロールヨガを行います，

怪我をしている人はお休みするか，鼻呼吸，瞑想のみ行いましょう。

周りの人やものにぶつからない場所か確認してください。

前半に行う，口呼吸をケアするブレストレーニングでは，できる限り鼻呼吸を心がけましょう。また，目安となる「吸う，吐く」のカウントを伝えていきますが，そのタイミングでは吸いにくい，吐ききれないことがあります。タイミングが合わないまま無理に続けると体が緊張してしまい，逆効果になるので，自分の吸いやすいタイミングや吐ききったタイミングで継続していきましょう。

後半に行う，ヨガでは鼻呼吸を心がけましょう。呼吸のスピード感は，体が動くスピード感と同じです。原則，一呼吸，一動作で動きましょう。

特に大切なのは，呼吸が始まってから体を動かし，呼吸の終わる前に体の動きを終えることです。自分の心地よい呼吸の中で体の動きが完結することを目指しましょう。

1．呼吸回数の確認

　１分間呼吸の回数を数えていきます。

　吸って，

　吐いて，

で１回と数えて，自分が１分間に何回呼吸をしているのか数えましょう（時間がないときは省略します）。

❶　あぐらの姿勢で座りましょう。

❷　目を閉じて自然な呼吸を繰り返します。

❸　お腹に手を当てて呼吸を観察してください。

❹　スタートからストップと伝えるまで呼吸を数えましょう。

❺　（ストップウォッチを準備して）「スタート」。

❻　（１分が経過したら）「ストップ」。

❼　ゆっくり目を開けてください。

❽　今の自分の回数を忘れないようにノートに書いてください。

2．ブレストレーニング

　まずは，口呼吸をケアするブレストレーニングを行っていきます。

　背中をできるだけ丸く保ちましょう。

　もし肩や首に力が入る場合は，折り畳んで厚みを出したバスタオルを額の下におき，力の脱力を促しましょう。

　途中で思わず息を勢いよく吸ってしまうことがないよう，まずは回数や秒数にこだわりすぎないでください。

　そして，鼻から吐けない人はまず，口から吐いて，慣れてきたら鼻呼吸に切り替えましょう。

❶　床に膝を折って座り，腕を前に伸ばし，肘を床につけます。

❷　口から息をゆっくりと吐いていきましょう。

❸　鼻から静かに吸い，口から吐く呼吸を10回繰り返します。

❹　鼻から吸って，吐いて，
　　2，3，4，5，6，7，8，9，10
　　（10回繰り返す）

❺　今度は5秒ずつ，
　　鼻から息を吸う，
　　口から吐く，
　　息を止める，
　　を1セットに5回繰り返します。

❻　鼻から吸って，
　　2，3，4，5
　　口から静かに吐ききり，息を5秒止めます。
　　2，3，4，5
　　（5回繰り返す）

3．ハンズフロー

まずはハンズフローから行います。

❶ 足を腰幅程度に開き，両腕は体側に沿わせて立ちましょう。

❷ （動きを見せながら）息を吸いながら，両腕を頭上へと持ち上げ，掌を頭上で合わせます。

❸ （動きを見せながら）息を吐きながら，両腕を下ろしましょう。

❹ この動きを自分の呼吸に合わせて，あと２回繰り返しましょう。

❺ ２回終わったら，両掌を胸の前で合わせて鼻呼吸を繰り返しましょう。

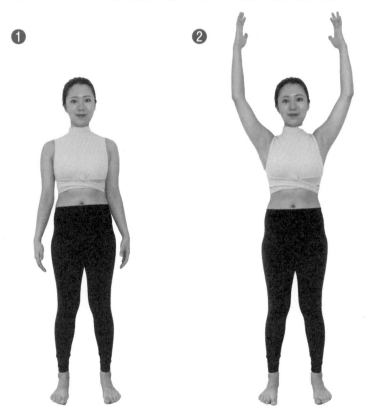

❶   ❷

4．前屈のポーズフロー

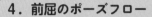

❶ 足を腰幅程度に開き，両腕は体側に沿わせて立ったまま…

❷ （動きを見せながら）息を吸いながら両腕を頭上へ持ち上げ…

❸ （動きを見せながら）息を吐きながら股関節のあたりから二つ折りになるように前屈し，手を足の好きなところもしくは床につきましょう。

❹ （動きを見せながら）息を吸いながら上体を起こしつつ，両腕を頭上へ持ち上げ…

❺ （動きを見せながら）息を吐きながら再度前屈しましょう。

❻ この動きを自分の呼吸に合わせて，あと２回繰り返しましょう。

❼ ２回終わったら，両掌を胸の前で合わせて鼻呼吸を繰り返しましょう。

5．戦士のポーズフロー

❶　足を腰幅程度に開き，両腕は体側に沿わせて立ったまま…

❷　片足を１歩後ろに引き，引いた足の爪先の向きを外側に向けるなどして
　バランスが崩れない位置になるよう調整します。

❸　前膝を軽く曲げ，バランス
　が崩れないか確認しましょう。

❹　（動きを見せながら）息を
　吸いながら両腕を頭上へ持ち
　上げ…

❺　（動きを見せながら）息を
　吐きながら股関節のあたりか
　ら二つ折りになるように前屈
　し，手を前足の好きなところ
　もしくは床につきましょう。

❻　（動きを見せながら）息を
　吸いながら上体を起こしつ
　つ，両腕を頭上へ持ち上げ…

❼　（動きを見せながら）息を
　吐きながら再度前屈しましょ
　う。

❽　この動きを自分の呼吸に合わせて，あと２回繰り返しましょう。

❾　２回終わったら，前足と後足（左右）を入れ替えても行いましょう。

❿　２回ずつ終わったら，両掌を胸の前で合わせて鼻呼吸を繰り返しましょ
　う。

❶　足幅を肩幅の２倍程度広げて立ちます。

❷　息を吸いながら手を腰に当てて…

❸　（動きを見せながら）息を吐きながら，股関節のあたりから上半身を前に倒しましょう（膝が多少曲がっても構いません）。

❹　前屈したところで，手を床もしくは両足首につきましょう。

❺　動きを止めたまま，鼻呼吸を３回繰り返しましょう。

7．こどものポーズ→牛のポーズ→下を向いた犬のポーズ

❶　まずは四つん這いの姿勢からスタートしましょう。

❷　（動きを見せながら）息を吸いながら，爪先を立て，前を見るように胸を開きます（牛のポーズ）。

❸　（動きを見せながら）息を吐きながら，両膝を床から持ち上げ，太ももとお腹を近づけるように，お尻を斜め上方向に引き上げます（下を向いた犬のポーズ）。

❹　（動きを見せながら）息を吸いながら，両膝をつき，前を見るようにして胸を開きます（牛のポーズ）。

❺　（動きを見せながら）息を吐きながら，足の甲を寝かせ，膝を折って座り，腕を前に伸ばし，肘を床につけます（こどものポーズ）。

❻　この動きを自分の呼吸に合わせて，あと2回繰り返しましょう。

❼　2回終わったら，こどものポーズで鼻呼吸を繰り返してください。

❷ ❹

❸

❺

8．こどものポーズ→膝立ちのポーズ

❶　床に膝を折って座り，腕を前に伸ばし，肘を床につけます（こどものポーズ）。

❷　（動きを見せながら）息を吸いながら，上体を起こし膝立ちに，両腕は天井へと持ち上げましょう（膝立ちのポーズ）。

❸　（動きを見せながら）息を吐きながら，床に膝を折って座り，腕を前に伸ばし，肘を床につけます（こどものポーズ）。吐くときには，お腹を引き込むようにしましょう。

❹　この動きを2回繰り返しましょう。

❺　2回終わったら，こどものポーズで鼻呼吸を繰り返してください。

❶ 　床の上にうつぶせになります。

❷ 　両脚を後ろに伸ばし，両足の甲を床の上にのせましょう，両手はみぞおちの横あたりにおき，脇を閉じて，肘を体の後方へと引き寄せます。

❸ 　（動きを見せながら）息を吸いながら，肺が膨らむ分だけ，顔と胸を床から離します。

❹ 　（動きを見せながら）息を吐きながら，浮かせていた上半身，額を床に下ろしましょう。

❺ 　この動きを目を閉じて，２回繰り返しましょう。

❻ 　２回終わったら，うつぶせのまま鼻呼吸を繰り返してください。

10. 仰向けL字のポーズ→ガス抜きのポーズ→太鼓橋のポーズ

　仰向けの動きは首を怪我する可能性があるので，まずは指導者が先に動きを見せてから，生徒を仰向けに誘導するとよいでしょう。

❶　両膝を90度に曲げて床に仰向けになります。
❷　両手の甲が頭の向こう側の床につくように，両腕を頭上方向へ持ち上げます。
❸　息を吸いながら両膝を曲げ，足の裏，かかとを天井へと持ち上げます（仰向けL字のポーズ）。

❹　息を吐きながら両膝を曲げて胸に引き寄せ，両手で膝を抱えます（ガス抜きのポーズ）。

❺　息を吸いながら膝の下に足首が来るように，足裏を床に下ろし，両手の甲が頭の向こう側の床につくように，両腕を頭上方向へ持ち上げ，お尻，腰，背中を床から離しましょう（太鼓橋のポーズ）。

❻　息を吐きながら両膝を曲げて胸に引き寄せ，両手で膝を抱えます（ガス抜きのポーズ）。

❼　息を吸いながら，両手の甲が頭の向こう側の床につくように，両腕を頭上方向へ持ち上げ，足の裏，かかとを天井へと持ち上げます（仰向けL字のポーズ）。

❽　この動きを目を閉じて，3回繰り返しましょう。

❾　3回終わったら，ガス抜きのポーズで鼻呼吸を繰り返しましょう。

11. やすらぎのポーズ

❶ 　床に仰向けになります。

❷ 　脇の下にこぶし1個分ほどのスペースを空け，両手を体の横におきましょう。

❸ 　両脚は軽く開き，足先は無理のない方へ向けます。奥歯の嚙み締めをゆるめ，優しい鼻呼吸を10回程度繰り返しましょう。

12. 片鼻呼吸法

　片鼻呼吸は初めて行う際，言葉の説明だけでは理解が難しい生徒が多いので，まずは指導者が先にやり方を見せてから，生徒に片鼻呼吸の指導をするとよいでしょう。

❶　あぐらの姿勢で座る，もしくは椅子に座りましょう。

❷　右手の親指で右の鼻孔を押さえて左の鼻孔から息を吸います。

❸　右手の親指で右の鼻孔，人差し指で左の鼻孔を押さえ息を1秒止めます。

❹　右手の親指を外して右の鼻孔を開き，ゆっくりと息を吐きます。

❺　人差し指で左の鼻孔を押さえたまま，右の鼻孔から息を吸います。

❻　右手の親指で右の鼻孔，人差し指で左の鼻孔を押さえ息を1秒止めます。

❼　人差し指を外して左の鼻孔を開き，ゆっくりと息を吐きます。

❽　目を閉じて，この片鼻呼吸を3往復しましょう。

13. 瞑想法

1. あぐらの姿勢で床に座る，もしくは椅子に座ったまま…
2. 手を，両掌が天井に向くように膝，ももの上におきましょう。
3. 目を閉じ，鼻呼吸を繰り返します。
4. 5秒で鼻から吸い，5秒息を止めます。
5. 5秒で鼻から吐き，5秒息を止めます。
6. 吸う，止める，吐く，止めるの呼吸を，まずは5秒ずつ数を数えながら 行います。
7. 慣れてきたら5秒から6，7秒と数える秒数を長くしてみましょう。
8. 目を閉じながら，自分のペースで繰り返し行いましょう。
   （1分ほど行う）
9. では徐々に自然な呼吸に戻し，静かに目を開いてください。

　瞑想後に，最初と同じように呼吸の回数を計り，ノートに記録しておくの もオススメです。

演奏前に行う
四角い呼吸法

　四角い呼吸法の効果は，自律神経の安定です。

　四角い呼吸法は，次のように進めます。

❶　椅子に座る，もしくはあぐらで座ります。

❷　目を閉じ，自分の呼吸を観察します。

❸　鼻から吸う，鼻から吐く呼吸を5回繰り返します。

❹　4秒ずつ，

　　鼻から吸う，

　　息を止める，

　　鼻から吐く，

　　息を止める，

　　を1セットに5回繰り返します。

❺　5秒ずつ，

　　鼻から吸う，

　　息を止める，

　　鼻から吐く，

　　息を止める，

　　を1セットに5回繰り返します。

演奏後に行う
土下座呼吸 (チャイルドポーズの応用編)

　土下座呼吸法の効果は，肩周りから背面をゆるめる，肋骨，横隔膜の位置調整などです。

　土下座呼吸は，次のように進めます。

❶　床に膝を折って座り，腕を前に伸ばし，肘を床につけます。

❷　口から息をゆっくりと吐きます。

❸　鼻から静かに吸い，口から吐く呼吸を10回繰り返します。

❹　5秒ずつ，鼻から息を吸う，口から吐く，息を止める
　　を1セットに5回繰り返します。

❺　5秒ずつ，鼻から息を吸う，鼻から吐く，息を止める
　　を1セットに5回繰り返します。

　背中をできるだけ丸く保ちましょう。もし肩や首に力が入る場合は，折り畳んで厚みを出したバスタオルを額の下におき，力の脱力を促しましょう。

　途中で思わず息を勢いよく吸ってしまうことがないよう，まずは回数や秒数にこだわりすぎないでください。そして，鼻から吐けない人はまず，口から吐いて，慣れてきたら鼻呼吸に切り替えましょう。

やる気を出したいときに行う
火の呼吸法

　火の呼吸法の効果は，モヤモヤした感情を燃やし，集中力を高めることです。

　禁忌事項が多い呼吸法になりますので，無理のない範囲で行いましょう。食後は３時間ほどあけてからにしましょう。心臓疾患，高血圧，めまい，てんかん，脳卒中，ヘルニア，胃潰瘍（胃腸トラブル）を患っている人，妊娠中，生理中，手術後の人は控えてください

　火の呼吸法は，次のように進めます。

❶　あぐらの姿勢で座ります。
❷　お腹に手を当てながら，３回鼻呼吸を繰り返します。

❸　手を膝の上におき，両鼻から息を吸い，お腹を膨らませます。

❹　両鼻から強く一気に吐き出し，お腹をへこませます。
❺　お腹の力みをゆるめ，自然に入ってくる息を吸います。
❻　1秒1回のペースで吐き出すように20回繰り返します。

落ち着きたいときに行う
月の呼吸法

　月の呼吸法の効果は，興奮しすぎてしまったときに，陰のエネルギーを高め精神を整えることです。

　月の呼吸法は，次のように進めます。

❶　椅子に座る，もしくはあぐらの姿勢で座ります。

❷　片手で右の小鼻を塞ぎ，左の鼻から吸います。

❸　両鼻を塞ぎ，息を止めます。

❹　左の小鼻を塞いだまま，右の鼻から吐きます。

❺　❷～❹を5回繰り返しましょう。

1～3分を目安に繰り返し行いましょう。

金管楽器奏者に行う
１：２の呼吸法

　１：２の呼吸法の効果は，楽器練習によって固まりやすい背中周りをほぐし，横隔膜の動きをスムーズに整えることです。
　１：２の呼吸法は，次のように進めます。

❶　床に膝を折って座り，肘を床につけ背中を丸く保ちます。
❷　口から息をゆっくりと吐きます。
❸　鼻から静かに吸い，口から吐く呼吸を５回繰り返します。
❹　鼻から５秒かけて吸い，鼻から10秒で吐く呼吸を10回繰り返します。

　背中をできるだけ丸く保ちましょう。もし肩や首に力が入る場合は，折り畳んで厚みを出したバスタオルを額の下におき，力の脱力を促しましょう。途中で思わず息を勢いよく吸ってしまうことがないよう，まずは回数や秒数にこだわりすぎないでください。
　そして，鼻から吐けない人はまず，口から吐いて，慣れてきたら鼻呼吸に切り替えましょう。

木管楽器に行う
ねじりの呼吸法

　ねじりの呼吸法の効果は，楽器練習によって固まりやすい胸回り，背中周りをほぐし，姿勢を整えることです。

　ねじりの呼吸法は，次のように進めます。

❶　仰向けに横になります。

❷　膝の下にかかとが来るように両膝を曲げ，左側に倒します。

❸　左手を倒した右膝の上あたりにおき，膝が地面から離れないようにします。

❹　右腕を床につけたまま，肩よりも高く上げます。

❺ 静かに鼻から吸い，鼻から吐く呼吸を３回行います。

❻ 静かに鼻から５秒で吸い，鼻から10秒で吐く呼吸を３回行います。

❼ 静かに鼻から５秒で吸い，鼻から10秒で吐き，５秒息を止める呼吸を３回行います。

❽ 仰向けに戻り，両膝を右に倒します。

❾ 左腕を上げて，右手は左膝の上におきます。

❿ ❺〜❼を繰り返しましょう。

　息を吐くときは，腰が浮かないように，お腹をへこませるように意識しましょう。吐く息のスピードに合わせながらゆっくりと動かしましょう。

打楽器奏者に行う
くまの呼吸法

くまの呼吸法の効果は，立奏による疲れを改善し姿勢を整えることです。
くまの呼吸法は，次のように進めます。

❶ 肩の下に手首，足の付け根の下に膝がくるように四つん這いになります。

❷ 息をゆっくりと吐きながら背中をできるだけ丸くします。

❸　背中を丸くした状態で，静かに鼻から吸い，口から吐く呼吸を３回行います。

❹　背中を丸くした状態で，静かに鼻から吸い，鼻から吐く呼吸を３回行います。

❺　背中を丸くした状態で，静かに鼻から５秒で吸い，鼻から10秒で吐く呼吸を３回行います。

❻　背中を丸くした状態で，静かに鼻から５秒で吸い，鼻から10秒で吐き，5秒息を止める呼吸を３回行います。

息を吸うときに背中の丸みがなくなったり，腰が落ちたりしないように気をつけましょう。

本番前に行う
片鼻呼吸法

　片鼻呼吸の効果は，イライラを鎮める，陰と陽のエネルギーバランスが整うなどです。

　片鼻呼吸は，次のように進めます。

① 椅子に座る，もしくはあぐらの姿勢で座ります。
② 片手で左の小鼻を塞ぎ，右の鼻から吸います。
③ 両鼻を塞ぎ息を止めて，右の小鼻を塞いだまま，左の鼻から吐きます。
④ 左の鼻から吸い，両鼻を塞ぎ，息を止めます。
⑤ ④の左の小鼻を塞いだまま，右の小鼻から吐きます。
⑥ ②～⑤を5回繰り返しましょう。

　慣れてきたら，

・吸う
・吐く
・止める

の呼吸の長さを5秒に均一にしてみましょう。

演奏時の姿勢を整える ハイハイトレーニング

　ハイハイトレーニングの効果は，体幹部を安定させて，演奏時の姿勢を整えることです。ハイハイトレーニングは，次のように進めます。

❶　肩の下に手首，足の付け根の下に膝がくるよう四つん這いになります。
❷　手と足が対になるように動きます。
❸　右手と左膝を同時に前に動かし，次に左手と右膝を同時に前にする動きを2回繰り返します。

❹　左手と右膝を同時に後ろに引き，次に，右手と左膝を同時に後ろに引く
　動きを２回繰り返します。
❺　❸〜❹の動きを３回繰り返します。

・動くときには，骨盤やお尻が左右に揺れないようにお腹を意識しましょ
　う。
・手と膝は同時に着地させます。大きな音を立てずに静かに動きましょう。
・慣れてきたら動きを止めて息を吸い，動きながら息を吐く呼吸とともに行
　っていきましょう。
・鼻から吐けない人はまずは口から吐いて，慣れてきたら鼻呼吸を意識しま
　しょう。

横隔膜がスムーズに動く 空気椅子トレーニング

　空気椅子トレーニングの効果は，口呼吸によって開きやすい肋骨が閉じ，横隔膜がスムーズに動くことです。

　空気椅子トレーニングは，次のように進めます。

❶ 壁の前に足1つ分程度離れて，まっすぐに立ちます。

❷ 足は腰幅程度開きましょう。

❸ 肩と肘が水平になるように，壁に肘をつけます。

❹ 腕は肩幅，肘は90度程度曲げ，小指が壁にくっついています。

❺　膝を曲げ，脇とスネに力が入るように背中を丸めましょう。

❻　背中を丸くした状態で，静かに鼻から5秒で吸い，鼻から10秒で吐く呼吸を3回行います。

❼　背中を丸くした状態で，静かに鼻から5秒で吸い，鼻から10秒で吐き，5秒息を止める呼吸を3回行います。

・頭が前に出すぎると猫背になるので，視線は手と手の間の壁をまっすぐ見ましょう。

・お尻を引くと背中を丸められないので，骨盤の向きを調整しましょう。

・力が入りすぎると肩が上がってすくんでしまうので，息を吸うときに肩の力をゆるめます。

体の可動域が広がる
ツイストトレーニング

　ツイストトレーニングの効果は，肋骨を下げることができる，胸椎をスムーズに回旋させる力がつき，体の可動域が広がることです。
　ツイストトレーニングは，次のように進めます。

❶　肩の下に手首，足の付け根の下に膝がくるように四つん這いになります。
❷　左足を左手の外側にくるように前に移動させます。
❸　右膝と両手が床につき安定しているか確認します。

❹　左腕を天井方向へ持ち上げて，胸を開きます。

❺　鼻から4秒で吸い，鼻から8秒で吐く呼吸を5回繰り返します。

❻　四つん這いに戻り右足を右手の外側にくるように前に移動させます。

❼　（左右を入れ替えて）❸〜❺を繰り返します。

・床についている手がしっかりと安定しているか確認しましょう。

・吸う息では肩の力みをゆるめ，吐く息に合わせて指先を天井へ近づけるよ
　うに胸を開きましょう。

聴覚をケアする
耳栓鼻呼吸

　呼吸改善トレーニングや，身体を大きく動かすヨガに合わせて行ってほしい３つのケアをお伝えしていきます。楽器奏者，音楽家が疲弊しやすい五感のうち「聴覚」「視覚」が上位に挙げられます。

　演奏するときの音は，やはり日常の音と比べて大きいですし，耳に負担がかかります。私もよくトランペットやトロンボーンの前に座っている木管楽器の人たちに，

> 耳元でフォルテシモの音量で吹かれると，
> 自分の楽器の音が聞こえにくかったり，
> 頭がガンガンしたりする

と話されたことがあります。

　また，私は学生の頃，同じ曲を演奏しているプロ団体の演奏を通学中にイヤホンで聞いたり，イヤホンをつけっぱなしで眠るときも曲を聞いていたりしたのですが，吹奏楽コンクール間近に一日中耳鳴りがするようになってしまいました。耳鼻科で診断してもらうと，「聴覚が疲れています」と話されました。
　海外のプロ奏者ですと「マイ耳栓」が当たり前のところもあるようです。100円ショップや薬局など（500円程度）で，購入できる耳栓を１人１つ持つことで，聴覚をケアすることができます。

疲れが癒えることで，演奏中にうまく聞こえない，耳鳴りがする，といった悪影響を防げるのでオススメです。

❶　耳栓をつけたまま椅子に座る，もしくは仰向けになります。

❷　目を閉じて，鼻呼吸を5回繰り返しましょう。

❸　5秒で鼻から吸い，10秒で鼻から吐く呼吸を5回繰り返しましょう。

　安全な場所で行いましょう。目を閉じると不安な気持ちが増す場合は，目を開いたまま，どこか1点に焦点を合わせないようにぼんやりと見ながら行うとよいでしょう。

視覚をケアする
パーミング

　指導者（指揮者）の方に多いのが，目の疲れです。スコアや楽譜を長時間見ることで，目が疲れるという悩みを抱えた先生にたくさんお会いしてきました。目に関して，指導の際気をつけてほしいことがあります。それは，**目が疲れているときは，同時に脳も疲れている**ということです。

　目は脳とのつながりが強く，脳から派生したとも言われています。また，目の動きは心の状態とも大きくかかわっています。

　例えば，目が疲れて目の周りの筋肉の動きが悪いときは，視野が狭くなる傾向です。視野が狭い状態での心の変化としては，

・1つのことに熱中しすぎてしまい，周りが見えなくなる
・ネガティブな気持ちばかり気になり，気持ちが落ち込みやすくなる

といったことが起こります。

目が疲れてきたな

最近イライラしやすいな

と感じてきたら，1分でも目を休めるように心がけることで，よい音楽づくりや生徒とのコミュニケーションも円滑に進むはずです！

ここでは，視覚をケアする「パーミング」を紹介します。

❶ 両掌を擦り合わせて，手を温めます。

❷ 目を閉じ，まぶたの上に掌をお椀型にして被せます。

135

❸ 　手の中で目を開き，5秒で鼻から吸って，10秒で鼻から吐く呼吸を，10回行います。

　お椀型にした手の指の間から光が漏れないように，指と指の間が開かないように注意しましょう。指とまぶたがくっつかないようにします。手の中で瞬きをしても構いません。

　生徒の視覚のケアで言うならば，固まりやすい目の周りの筋肉をほぐすということです。現在，スマートフォンの普及によって目の動く範囲がかなり小さくなりました。

　昔であれば，公園や原っぱなど，目を動かす範囲が広い場所で遊んでいました。しかし，現在ではスマートフォンの画面上でしか目を動かしません。また，遠くを眺めると言う目の使い方も減っているでしょう。

　目の周りの筋肉が硬くなると，目の疲れを感じることはもちろん，楽譜の読み飛ばしや，集中力が維持できないといった症状が出てきます。

　これは視力がよい悪いに限らず起こり得る症状です。

目を動かすトレーニング（ビジョントレーニング）は，アメリカで生まれ80年間多くの実績を残しています。

　現在，発達障がいの子どもにもよい効果があると注目されています。授業中落ち着きがない，気持ちの浮き沈みが激しい部員がいた場合，部活の中で目を動かす習慣をつけることで，生活面にもよい変化が出てくるためオススメです。

　次では，空間の大きさに合った音を奏でられるようになる目のトレーニングを紹介します。

❶　両手を肩幅より広く広げ，顔の前30センチくらい前のあたりで両親指を立てます。

❷　メトロノームをテンポ60で鳴らし，そのテンポに合わせながら左右交互に親指を見ましょう。

❸ 両親指を立てたまま上下に広げ，上下交互に親指を見ましょう。

❹ 親指を立てたまま，右手を右に，左手を左に広げ，斜めを交互に見ましょう。

❺ 上下を入れ替えて，再度斜めを交互に見ます。

腕を上げたとき，肩が上がらないように，肩周りは楽に行いましょう。
上下に目を動かすときに，眉毛が動かないように気をつけましょう。

おわりに

本書を最後までお読みいただき，ありがとうございます。

ヨガや体幹トレーニングは，決して魔法のようなものではありません。すぐに驚くべき効果が出るものでもありません。しかし，継続することで，心身のバランスが整い，休まり，自分を大切にする時間が癖づいているでしょう。少しずつヨガが習慣化されることによって，心と体の健康だけでなく，自分の考え方や周囲の人たちへの接し方，生き方が変化していくのがわかるはずです。

もしかしたら，病院に行くほどではないけれど，なんとなく不調を感じていて，仕事にも遊びにも今一つ充実感を得られない，と感じている人もいるかもしれません。そんな人も，まずは，1日1分のヨガ練習を実践してみてください。心がホッとする感覚や，体が温まり，ゆるんだ感覚などを実感できると思います。

吹奏楽部など，学校へ訪問してヨガを指導すると，顧問の先生は皆さん口を揃えて「部員が気持ちよさそうに動いているのを見ていると，私もやってみたいわ」と話されます。しかし，ほとんどの先生が実践されず，残っている仕事に向かってせかせかと働かれている姿をよくお見かけします。

学生の皆さんは先生たちの年齢と比べて若さもあり，体力の回復が早い子が多い印象です。だから無理をしてもいい，というわけではありませんが，教員の母を見ていても，先生たちの方が心身ともに疲れきっていると感じています。

学校行事や，テストの採点，授業の資料作成と毎日生徒のためにたくさんの時間を使っていますよね。中には，帯状疱疹や尿管結石になっていても，点滴を打ったり，痛み止めの薬を飲んだりして部活に参加されている先生を見て，心苦しくなったときもあります。生徒のためなら，心や体がボロボロになってもよい，ということは絶対にありません。先生が心身ともに不健康になる指導法を選んでいては，「肩が痛いけど，とにかく100回音合わせして，うまくならないといけない」「あんまり眠れてないけど，とにかく練習しないといけない」のように，生徒も不健康を維持しながらの，非効率な方法で演奏技術を習得することになってしまうかもしれません。

　これでは，部員が団結力をもってより良い演奏をしたり，コンクールでよい結果を残したりするような強い部活から遠のいてしまいます。まずは，先生から実践を始めることが大切です。生徒のためにも，先生自身の心と体の健康をしっかり維持しましょう！　あーもう無理かもしれない，と思ったら本書を読み返してみてください。1人で抱え込まずに苦しくなったら頼ってくださいね。サポートしに駆けつけます。

　【指導依頼用】連絡先：yoshidatomoe.1211@gmail.com

　最後に，本書の制作にあたり多くのアドバイスとご協力をいただいた担当編集の赤木恭平様，そして，イラストを担当してくださった，いたのなつみ様，出版関係者の皆さまに，心より感謝申し上げます。

　あなたの生活が，人生が，よりキラキラと輝いて，豊かなものになりますように。そして，その豊かさから生まれた音楽が世界中の人に届き，幸せが広がりますように。ありがとうございました。

吉田　巴瑛

【参考文献】

●パトリック・マキューン著，桜田直美訳『トップアスリートが実践　人生が変わる最高の呼吸法』（かんき出版，2017）

●HIKARU 著『新版　はじめてのアーユルヴェーダ』（主婦の友社，2020）

●マーク・ウィットウェル著，加野敬子訳『ヨーガの真実』（ガイアブックス，2017）

●HRIDAYA YOGA SCHOOL ホームページ
https://www.hridaya-yogaschool.com/

●バジル・クリッツァー著『吹奏楽部員のためのココロとカラダの相談室　吹奏楽指導編』（学研パブリッシング，2014）

●鈴木孝佳著『全人類，背中を丸めるだけでいい』（講談社，2020）

●大貫崇著『きほんの呼吸　横隔膜がきちんと動けば，ムダなく動ける体に変わる！』（東洋出版，2019）

●松島雅美著『1 日 5 分でアタマとココロがすっきりする眼球体操』（セブン＆アイ出版，2016）

●根来秀行著『ハーバード＆ソルボンヌ大学　Dr. 根来の特別授業　病まないための細胞呼吸レッスン』（集英社，2019）

●森本貴義，近藤拓人著『新しい呼吸の教科書　【最新】理論とエクササイズ』（ワニブックス，2018）

【著者紹介】

吉田　巴瑛（よしだ　ともえ）

インド政府公認ヨガ講師，呼吸改善コンサルタント，音楽療法士。

３歳からピアノ，10歳から17年間トランペットを専攻し音楽大学を卒業。小学４年生から「演奏時に起こる緊張や心身の不調」に悩まされ，音楽大学へ進学とともに出会ったヨガをきっかけに，心身ともに健康な状態で演奏できる独自のメソッドを開発。

2018年にはインド政府公認のヨガ講師に認定され，インド，スリランカ，タイなどで学びを深め，アジア最大級ヨガイベントヨガフェスタ　横浜2018にてヨガ講師を務める。

音楽大学在学中からヨガ指導を始め，吹奏楽部やオーケストラなどの音楽家を含む，のべ５万人以上に指導を行う。

人間が生まれてから死ぬまで行う「呼吸」にフォーカスした指導は，「トランペット奏者ならでは」と各方面から高評を博し，現在では，企業・団体向けに「呼吸から人生を変えるヨガ講座」を実施している。

〔本文イラスト〕いたのなつみ

中学校音楽サポートBOOKS

呼吸法から体幹トレーニングまで

強い心と体をつくる「吹奏楽ヨガ」

2021年２月初版第１刷刊　Ⓒ著　者　吉　田　巴　瑛
　　　　　　　　　　　　発行者　藤　原　光　政
　　　　　　　　　　　　発行所　明治図書出版株式会社
　　　　　　　　　　　　　　http://www.meijitosho.co.jp
　　　　　　　　　　　　　　（企画・校正）赤木恭平
　　　　〒114-0023　　東京都北区滝野川7-46-1
　　　　振替00160-5-151318　電話03(5907)6701
　　　　　　　　　　ご注文窓口　電話03(5907)6668

＊検印省略　　　　　　組版所　長野印刷商工株式会社

Printed in Japan　　　　　　　　ISBN978-4-18-324316-4
もれなくクーポンがもらえる！読者アンケートはこちらから